Mohamed Kanté

ANTA BABACAR NGOM DIACK

Mohamed Kanté

ANTA BABACAR NGOM DIACK

Ma voix

Dictus Publishing

Imprint

Any brand names and product names mentioned in this book are subject to trademark, brand or patent protection and are trademarks or registered trademarks of their respective holders. The use of brand names, product names, common names, trade names, product descriptions etc. even without a particular marking in this work is in no way to be construed to mean that such names may be regarded as unrestricted in respect of trademark and brand protection legislation and could thus be used by anyone.

Cover image: www.ingimage.com

Publisher:
Dictus Publishing
is a trademark of
Dodo Books Indian Ocean Ltd. and OmniScriptum S.R.L publishing group

120 High Road, East Finchley, London, N2 9ED, United Kingdom
Str. Armeneasca 28/1, office 1, Chisinau MD-2012, Republic of Moldova, Europe
Printed at: see last page
ISBN: 978-613-7-35766-8

TABLES DES MATIÈRES

PRÉFACE

Ce travail enfin achevé, a été réalisé dans le but de faire comprendre aux hommes que l'objectif de la politique, ne se résume pas uniquement au vote. par contre, elle représente un moyen de proposition de solutions, en vue de bâtir une nation indépendante. par la même occasion, ce travail attire l'attention des citoyens sur la nécessité de faire un choix sur des bases réelles, et rationnelles. pour finir, il est aussi le témoignage d'un indéfectible soutien envers madame anta babacar ngom pour sa vision politique.

CHAPITRE 1

LES VOIES DE L'ACCESSION AU POUVOIR

Il faut rappeler que la plupart des pays africains n'abordent pas cette question, qui reste pourtant fondamentale, voire indispensable.

La démocratie qui était apparue comme une forme de gouvernance généreuse, à l'exception de quelques pays a eu beaucoup d'impacte négatif en Afrique.

Le critère de séparation des pouvoirs qui était censé de donner à cette démocratie toute sa crédibilité, n'a malheureusement pas répondu aux attentes.

Or, ce critère fut annoncé comme étant le fondement de ce pouvoir du peuple.

Voilà la raison pour laquelle il a été accepté dans la quasi totalité des pays.

Le multipartisme qui apparaissait comme un moyen de se présenter et de se prononcer n'a finalement engendré aussi que des problèmes dans certains pays.

Si son objectif, est de donner la possibilité à chacun de créer, ou d'appartenir à une formation politique de sa convenance, il faut signaler de l'autre côté que cela a causé un certain nombre de problèmes qui n'existaient pas.

Une justice partielle souvent dépendant de l'exécutif, une société civile devenue presque membre du gouvernement.

À l'instar des autres continents, la seule pierre sur laquelle se repose aujourd'hui l'espoir des jeunes africains, reste l'opposition républicaine.

Une opposition aussi saisonnière, mais incontournable.

La toute première chose à laquelle il faudra faire face, c'est la suppression de ce multipartisme dans certains pays africains dû à son mauvais exercice.

En favorisant la mise en place de seulement deux grandes formations politiques à chaque élection présidentielle, autour desquelles le peuple sera obligé de faire son un choix nécessaire.

S'agissant des voies de l'accession au pouvoir, il faut avant tout préciser l'importance d'une opposition forte.

Reconnue par la constitution de tous les États de droit, pour sa raison d'être.

Elle représente un moyen très efficace qui puisse contrecarrer le pouvoir à travers son mode de gouvernance, elle a pour objectif, de veiller sur ce que font les gouvernants.

En effet, la première qualité d'une opposition forte est la démarche constructive qui consiste à critiquer, à dénoncer, et enfin proposer des solutions.

La deuxième chose qui pourra permettre à une opposition démocratique de mieux contrecarrer le pouvoir, c'est bien la connaissance de son système de gouvernance.

Contrecarrer, c'est de rappeler ou de faire ce qui était censé être fait par les dirigeants.

En fait, entre l'opposition et la mouvance c'est la chose et son contraire.

Donc, la valeur ou la force d'un opposant ne devrait être rien d'autre que se servir de tous les moyens légaux afin de profiter des faiblesses du système pour s'imposer.

Il doit dénoncer la corruption, la gabegie financière, l'impunité, le favoritisme, et les exactions tout en proposant des solutions très pratiques.

Répondre, ou tenter de répondre au cris de cœurs des populations, urbaines ainsi que rurales.

Il doit s'abstenir contre toute manifestation violente capable de provoquer la destruction des biens publics, et privés.

En réalité, lorsqu'on prétend gouverner un peuple, on doit lui prouver que notre priorité est bien la défense de sa dignité ainsi que celle de ses intérêts.

Le respect de ses droits comme celui de sa liberté resteront notre combat si l'on voudrait réellement que son peuple lui témoigne son amour, il doit avant tout lui témoigner sa compassion à tout moment.

On ne peut rien donner à un citoyen qui puisse lui rendre heureux que de lui accorder une attention particulière, cela lui permettra de retrouver sa vraie version.

Ensuite ça lui permettra de se relever et de faire face a son destin.

Rappelons toutefois, qu'on ne révolte pas un citoyen contre ses dirigeants, on l'excite plutôt à lutter contre le mal sans lequel il ne pourra réalisé son autonomie.

C'est pour cette raison, il est impératif de connaître le système employé par le pouvoir, les besoins actuels du monde, les exigences des connaissances favorables au développement doivent être maîtrisées par quelqu'un qui souhaiterait accéder au pouvoir.

Un opposant objectif, est censé dénoncer les défaillances du système avec sincérité et sévérité qu'il soit de la fonction ou pas.

Placer la nation au dessus en disant et faisant ce qui mérite d'être fait par les dirigeants en toute légitimité. Et s'il est de la fonction dès qu'il sent que le système n'est pas le bon, alors il doit automatiquement démissionner le peuple et le temps en témoigneront au moment venu.

L'on a souvent tendance à croire que le seul moyen de défense d'un pays, est le pouvoir, c'est tout à fait le contraire.

Parmi les voies de l'accession au pouvoir, il y a des œuvres qui peuvent paraître minime, tandis qu'elles jouent un important rôle dans la conscience humaine.

Il s'agit des droits basiques d'une société, tels que : l'éducation, l'instruction, l'eau, la liberté de culte, et celle de l'expression.

La construction d'une école, d'une mosquée, d'un forage, ou encore le don d'un lot de kits scolaires dans certaines localités reculées font partie des œuvres qui retiennent l'attention des populations.

La mise en place d'une politique de développement individuel, ou collectif en sont une autre.

La démocratie étant la voix de la majorité, sa véritable cible reste la jeunesse cependant, elle est capable de mener des actions pouvant conduire au pouvoir inévitablement.

Il est essentiel de rappeler qu'il y a des méthodes auxquelles on pense pas, mais qui peuvent changer les choses de façon efficace.

Pour atteindre facilement cette cible, il faudra s'orienter sur le sport pas en tant que sportif, ou autorité sportive par contre, en tant que amoureux du sport.

Nous avons plusieurs organisations footballistiques dans le pays dirigées par des personnes responsables, il faut tisser des relations avec elles, et les accompagner dans l'organisation des compétitions sportives.

À ce niveau, on a plusieurs façons de contribuer telles que: l'achat des tenues sportives, des ballons, le don d'une petite enveloppe.

Cette implication est non seulement favorable au développement du sport, mais aussi elle nous permet d'avoir plus de voix.

Elle nous permet de gagner l'attention de ce secteur qui regroupe plus de 60% de la couche juvénile.

Avoir la volonté politique d'accompagner les acteurs de l'éducation nationale dans le cadre de la documentation, et de l'amélioration de leur connaissance.

Il faut les accompagner dans l'organisation des compétitions culturelles, l'assainissement des cours de l'école, au fait, toutes ces actions s'inscrivent dans la dynamique de notre volonté de contribuer au développement, et à la perfection de l'œuvre humaine. Elles nous donnent une bonne image en prouvant notre capacité de gestion.

Elles nous offrent ainsi des possibilités réelles à retenir l'attention et la considération du public.

Envisager des solutions pour l'amélioration de chaque secteur, détermine notre volonté de vouloir changer les choses.

Nous devons être à l'écoute, et à l'entière disposition de ceux dont nous prétendons gouverner pour être digne de confiance à leur égard.

Pour pouvoir convaincre la jeunesse, il faut disposer de tous les moyens possibles pour être en contact avec elle.

Pour établir ce contact, il faut nécessairement s'intéresser à ce dont elle s'intéresse. La jeunesse a besoin de notre attention, pour se faire, on aura besoin d'un certain nombre d'éléments concrets comme : la préparation des précieux cadeaux pour récompenser les meilleurs de chaque promotion universitaire.

En effet, il n'existe pas de méthodes absolues, au contraire des méthodes constructives et relatives qui puissent attirer l'attention et bénéficier du soutien du peuple.

L'une des voies fondamentales et légitimes qui nous donnent la possibilité réelle de défendre un peuple sans aucune contrainte imposée, c'est bien sûr l'assemblée nationale.

Si le critère numéro un de la démocratie a insisté sur la séparation des pouvoirs, c'est pour la situation et la limitation du pouvoir de chaque. Il faut donc reconnaître que avoir des voix à l'assemblée nationale, consistera à défendre dignement son peuple, à contribuer légalement au changement politique, économique, et social du pays.

l'Afrique a besoin des grands hommes pour assurer le bon fonctionnement ainsi que la continuité de ses institutions.

En tant que pouvoir représentatif, l'assemblée nationale est chargée d'adopter et de voter des lois. Ces lois seront promulguées, publiées dans le journal officiel par le pouvoir exclusif puis entre en vigueur.

Cette même assemblée qui est chargée de veiller à l'application de ces lois en cas de violation flagrante, refuse carrément de jouer son rôle.

Lorsqu'on s'engage après une élection à défendre une cause publique, et qu'on refuse il s'agit bien de l'irresponsabilité et cet acte mérite une condamnation.

Nous n'avons pas de problème d'institutions, ni de lois mais de problème d'hommes capables de faire respecter les lois.

La plupart des cadres fuyent leur responsabilité devant le pouvoir exécutif, c'est inadmissible.

Il n'y aura pas de véritable démocratie, tant que le législatif n'impose à l'exécutif le respect strict des lois qu'il a voté, et que l'autre camp a approuvé, publié.

On ne peut jamais parler de bonne gouvernance tant que les lois ne seront pas respectées, en créant une véritable politique de décollage économique.

Bref: il ne peut y avoir de stabilité tant que les intangibilites constitutionnelles ne seront pas respectées.

Les deux pouvoirs représentatifs à savoir: l'assemblée nationale, et l'exécutif doivent pleinement jouer leur rôle afin de sauver le pays.

La démocratie qui était vu comme une forme légitime n'existe presque pas en Afrique, pour la simple raison qu'on ne peut être une chose, et son contraire.

La présidentielle, c'est maintenant participer à la gestion de la chose publique de la base au sommet.

Faîtes vous représentez au sein de votre commune, de l'assemblée nationale pour décider de l'avenir du pays.

Mettre la jeunesse en avant, tout comme derrière toutes les actions entamées, car sa présence est importante et doit être effective aucours de chaque évolution de la nation.

Collaborer avec des personnes physiques et morales, pour une ouverture plus large des ambitions.

Signer des contrats de gré à gré pour intensifier les actions de lutte contre la pauvreté, le chômage. Créer des organisations à vocation humanitaire, en vue d'apporter de l'aide aux personnes démunies, ensuite poser des actes concrets auprès des organisations internationales pour prouver à l'opinion votre ambition de contribuer au progrès de l'humanité.

Élaborer un projet efficace et solide tout en mettant en place des structures qui seront chargées de véhiculer votre feuille de route.

Oeuvrez dans le sens de la stabilité, de la paix, et de la cohésion sociale, éviter tout comportement synonyme à la désobéissance des lois.

Être conservateur dans une atmosphère libérale adaptée au contexte mais aussi au temps.

Encore une fois, quand on est opposant on cherche pas à corriger les lacunes du gouvernement, il s'agit de dénoncer, de démontrer la véracité de ce qu'on dénonce ensuite proposer des solutions sinequanones.

On ne dispute pas le pouvoir qu'elle que la raison, le pouvoir se discute car les hommes passent, la nation et ses institutions demeurent.

La mission doit être donc, celle de la défense de ses intérêts, de ses droits, l'épanouissement de son état en un mot son bien-être.

Si nous l'aimons nous devons faire en sorte qu'elle soit et ait ce qu'elle mérite en toute simplicité, et non se servir d'elle.

Pendant qu'on cherche le pouvoir, la présence de certains hommes capables de susciter de la curiosité et de la confiance du peuple serait nécessaire dans notre parcours.

L'accession au pouvoir est un long processus qui implique à la fois patience, méthode, et intelligence.

Le pouvoir ne se ramasse pas dans la rue, il se cultive, se négocie, la seule manière de constester ou de contrecarrer un régime c'est lorsqu'il viole les lois.

Les opportunités ne tombent pas du ciel, elles se créent et les plus importantes sont celles dialectiques.

Un opposant doit éviter tout ce qui pourrait nuire à sa personnalité car le générique existe donc le plus souvent le passé nous rattrape.

Si les discours pre-électoraux, électoraux, et post-electoraux sont différents, c'est parce que les étapes ne sont pas les mêmes.

L'opposant donc va être obligé d'observer une règle particulière, les discours tenus avant les élections sont souvent basés sur l'analyse et l'argumentation, ils établissent une étude comparative en vue de nous aider à afficher notre ambition enfin pour qu'elle fasse l'objet de soutien.

Dans son allocution il doit aussi promettre qu'il fera son possible pour éviter les erreurs du passé au cas ou il sera élu à la magistrature suprême.

L'importance de cette étape est du fait, qu'elle détermine notre volonté de changement, elle réitère notre engagement vis-à-vis de l'Etat et de ses institutions.

Elle représente une phase décisive marquée par la démonstration des projets de campagne, en ce moment toutes les portes sont ouvertes.

En cette période les membres du parti doivent faire preuve de probité morale, intellectuelle, et retenue contre tout acte de provocation ou de violence. Ceci permet de booster l'éligibilité de leur candidat, le contenu du discours devra être très instructif, sensé et évolutif adapté aux réalités du terrain sans ambiguïté.

L'opposant doit avoir un contrôle, ou une parfaite influence sur son parti, dans le cadre du bon déroulement de ses activités.

Cette influence commence avant tout par l'enseignement des valeurs démocratiques aux militants mais aussi au jeu politique face auquel l'on est confronté.

Les militants doivent éviter le moindre cas de violence car une campagne n'est point égale à une grève.

Par contre, aimer et soutenir un candidat sert à éviter tout ce qui pourra compromettre son éligibilité. Chacun est libre de choisir un parti politique de sa convenance, et aucun parti n'est supérieur à l'autre car pour exister, ils obéissent tous au même principe.

Beaucoup en parle, mais ce qui est évident aucun candidat ne peut résoudre définitivement la question de l'employabilité, seulement avec une volonté politique il peut quand bien même aller à la rencontre des bailleurs de fonds les convaincre sur la nécessité de création de l'emploi dans le pays.

Ce qui signifie que, la lutte contre le chômage qui est l'une des causes fondamentales du sous-développement devrait être le combat de tous les acteurs politiques, par conséquent des voies et moyens doivent être envisagés pour permettre à toute personne dotée d'un génie de créer de l'emploi.

Il faut rappeler que l'offre est tellement faible, que le nombre de chômeurs augmente de façon exponentielle, or toute personne dotée d'un savoir et qui chôme involontairement devient frustrée.

Dans le cadre de la couverture de ce besoin vital, aucun site de travail ne doit être fermé par contre, la révision et le redémarrage des activités restent la seule solution.

De ce fait, rappelons que le travail constitue une obligation morale au-delà de son importance financière, il joue un rôle crucial dans la vie sociale de l'homme avec de nombreux bienfaits parmi lesquels on peut citer : la santé physique et mentale.

Par ailleurs, il représente une source de stabilité politique, ainsi que sociale dans nos pays.

La politique il faut bien le dire, est une arme très efficace qui puisse permettre aux hommes d'entreprendre plusieurs actions positives.

À un moment, on perd la valeur de notre costume de policien, lorsqu'on estime que son but ne vise uniquement que les urnes.

L'une des ambitions du mouvement arc, et de sa présidente madame Anta Babacar Ngom est bien cette question d'emploi.

La refondation d'un Sénégal juste, uni, et prospère dans l'intérêt supérieur de tous.

Elle envisage de donner un nouveau visage à son pays, centré sur le contrôle, la maîtrise, l'exploitation, et enfin la valorisation de ses productions locales dont la répartition sera équitable au profit de la population sénégalaise.

Garantir la liberté de chaque citoyen quelque soit le rang qu'il occupe.

Le mouvement arc comme l'indique son slogan la relève, prend la responsabilité de former un Etat de droit, de paix, et de cohésion sociale.

Il propose de nouvelles méthodes axées sur l'implication de chaque citoyen au processus de développement qui est notre préoccupation commune.

Une présidente modèle, modeste, et ambitieuse qui reconnaît la valeur de tous les précédents gouvernements, l'une des raisons pour lesquelles, elle entend faire une révision magistrale qui permettra à son pays de sortir définitivement des crises que connaissent les pays du tiers.

À travers sa démarche politique, elle prévoit de mettre en place une voie fondamentale et indispensable qui conduira le Sénégal au rendez-vous des grands pays.

Elle ouvre la porte à toute personne physique, ou morale dans le cadre du dialogue, de l'élaboration, et de l'exécution d'un projet qui puisse permettre à toutes les parties prenantes d'en bénéficier.

Son objectif principal, est de valoriser, instaurer une culture de confiance afin que chaque sénégalais sorte de sa coquille pour mettre en lumière son génie patriotique.

La première femme sénégalaise à se présenter aux élections présidentielles, l'une des femmes en Afrique, est une chance non seulement pour son pays, pour l'Afrique, mais aussi pour toutes les femmes.

Elle représente un moyen d'autonomisation de la couche féminine, souvent marginalisée dans certaines activités concernant leurs pays.

Toutes les femmes doivent voter pour madame Anta Babacar Ngom, soutenir ses actions car la politique ne se résume pas au vote.

Elle porte avant tout sa réflexion sur l'organisation de l'Etat, au respect des principes démocratiques.

C'est la raison pour laquelle, un homme politique doit être informé non seulement en tant que citoyen, mais aussi en tant qu'acteur politique en ayant un œil sur les actions des pouvoirs publics.

Il doit avoir un caractère pédagogique, en expliquant à l'opinion la nécessité ou pas dès dépenses prévues par le pouvoir exécutif et législatif en vue d'être écoulées aucours de l'année.

Saisir la presse, pour apporter la lumière sur le mode de gouvernance des dirigeants.

Lorsque l'on souhaite présider, il devra avoir une parfaite connaissance du mode de vie des citoyens, de sa gouvernance, afin de proposer des solutions pratiques capables de changer sa ligne de gouvernance.

Il doit avoir une influence qui puisse impacter positivement la vie politique, sociale, et économique des citoyens.

Il doit également avoir une influence d'équilibre, entre les pouvoirs conformément au respect des lois.

En réalité, le meilleur moment pour un homme politique d'avoir la confiance du peuple, c'est bien avant son élection à la tête du pays, car le temps de la gestion du pouvoir ne sera plus consacré aux beaux discours mais plutôt aux faits réels.

La définition d'une ligne politique et la motivation d'en suivre est une nécessité avant et pendant le pouvoir.

Une ligne politique bien structurée, est la pièce maîtresse qui servira à conduire normalement les actions politiques.

L'action politique est considérée, comme l'achèvement de la volonté politique.

Chaque projet politique, pour sa réussite a besoin d'une souplesse, et de plusieurs jours de concentration, de concertation de tous les acteurs concernés.

On exclut pas, ni moins encore informé, on associe tous les acteurs indispensables sans lesquels il ne peut y avoir de débat crédible.

Par contre, il faut rappeler que l'activité politique ne saurait être une activité individuelle, c'est une activité collective dans la mesure où son ombre est destinée à couvrir le grand public.

C'est la raison pour laquelle, la conception des idées doit se faire au sein du parti, le respect des lois, la conduite des activités, l'alternance, la liberté d'expression doivent être acceptées et respectés par tous les membres.

Quand on est opposant, quel que soit notre influence, on ne doit pas se placer au dessus de la loi, ni des autres partis, à plus forte raison se croire au dessus de l'Etat, tout comme aucun gouvernement ne sera au dessus du peuple.

Il faut par conséquent, se maintenir à sa juste place on peut quand bien même empreinter des démarches différentes de celles des autres partis, car c'est cela aussi la politique.

Tout n'est pas politique, mais tout a besoin de la politique pour se défendre par contre, cette défense ne doit pas se baser sur le mensonge pour créer de la flamme.

Lorsqu'on est face à un public qui nous porte dans son cœur, et qui nous accorde toute son attention inutile de lui mentir quelques soient les questions inattendues qui nous seront posées.

Notre objectif, ne sera pas celui de se faire aimer, plutôt celui qui prouve au peuple ce que nous représentons dans sa vie.

En réalité, les actions constituent un repère et chaque repère représente une référence au moment venu.

Les actions ne doivent pas être frivoles, elles doivent servir à quelque chose telle que: la volonté d'agir positivement en faveur de la société.

L'on doit être animé d'une constante volonté de défendre la liberté, les acquis, et assurer la protection du peuple afin qu'il ait toute la légitimité de faire son choix sans aucune contrainte.

Le but de la politique n'est pas de défendre sa position personnelle, c'est plutôt défendre la position du peuple tout entier, il s'agit de prendre des décisions pour lui et avec lui en déterminant ses avantages.

Lorsqu'on décide de faire de la politique, il faudra être ferme ne pas se laisser intimider par le pouvoir.

En politique la défense des intérêts du peuple doit être notre quotidien malheureusement, il y a des hommes soit disant politiciens qui ne s'intéressent à la vie du peuple que pendant les élections.

Il n'y a aucune raison de faire de la politique, si nous ne savons pas pourquoi et pour qui se battre.

Il ne faut jamais avoir peur des adversités, car l'homme tire sa valeur face aux adversités auxquelles il sera confronté.

Quel que soit notre domaine d'activité, l'individu fera toujours face à des adversaires, c'est la raison pour laquelle mieux vaut contrôler sa façon d'être et d'agir pour ne pas se faire avaler par ses adversaires.

Pour être, tout comme se maintenir à un haut niveau il faudra nécessairement se servir des lois, et de la vérité.

La force d'un homme politique, c'est l'idée féconde, et les arguments situés dans le contexte.

La politique comme certains le pensent, ne saurait être l'art de mentir, elle est la bataille des hommes réfléchis où ceux qui réfléchissent dévorent toujours les autres.

Elle est le terrain de ceux qui ont le sens élevé de la perception, de la conception, et celle de la finalisation.

Lorsqu'on est face à un public, il faut savoir répondre aux divergentes opinions sans aucune agitation.

L'individu est souvent à la base de ce qui lui arrive soit par la précipitation, soit par la prémonition, le plus important ce n'est pas de préparer par contre, se préparer contre les imprevisions, les suppositions, voire même les estimations.

Si l'on a la parfaite connaissance de son sujet, inutile de préparer un discours pour éviter la démagogie la seule chose qui doit lui préoccuper, sera de permettre au public de connaître ses intentions afin de soutenir et partager ses ambitions.

Qu'on soit de la fonction publique ou pas, entrepreneur ou homme politique, il ne faut jamais mentir au peuple, c'est de l'indignité.

Il ne faut point mener un combat dans le but de soutenir les intérêts d'une personne, ou d'un parti, c'est de la méchanceté, il s'agit de l'égoïsme.

Il ne faut jamais sacrifier une âme ou un intérêt collectif pour conserver son pouvoir, c'est du sadisme. En réalité, seules les positions et les convictions nous mènent vers la bonne direction.

La seule chose qui nous rendra heureux, est de réaliser le projet pour lequel nous avons été choisi.

L'on doit prouver aux personnes avec lesquelles il chemine, que quelques soient les événements qui pourraient arriver, l'option choisie restera maintenue.

Il faut tenir à rappeler dans les mêmes circonstances que, quelle que soit la volonté politique d'un homme il y aura dès fois des choses qui arriveront indepemment de sa volonté par conséquent, chacun de nous doit faire preuve de tolérance, et de patience jusqu'à leur disparition complète.

On va forcément rencontrer des difficultés cette réalité, est avant tout biologique.

L'échec de l'homme ne réside pas dans les erreurs passées, il est presentiel, il dépend de notre façon d'aborder les choses.

En effet, ce n'est donc pas seulement en politique, pour amorcer toute chose, il faut obligatoirement avoir un plan dialectique ou analytique.

Une méthode peut être différente de l'autre, mais la disposition ou l'application de l'un des plans sera obligatoire.

Après chaque événement, on obtient un résultat, c'est pourquoi la toute première participation aux élections présidentielles de 2024 ne doit pas être perçue comme un échec elle représente plutôt une expérience vaillamment acquise qui nous permettra de revenir plus fort.

Certe, le chemin peut être long mais si l'on souhaiterait qu'il soit couronné de succès dans les jours à venir, il faudra organiser des débats intellectuels en vue de tracer ensemble les grandes lignes à suivre comme étant un référentiel.

Je tiens à rappeler aux politiques, que nous sommes dans un monde où certains présidents essayent de monopoliser les pouvoirs, il faut cependant s'attendre à la prison, aux injures, aux critiques et même parfois à la destruction des biens privés, mais rien de tout cela ne doit nous faire changer de position politique surtout lorsqu'elle fait preuve de défense de la patrie.

Ne jamais changer de camp politique pour recevoir des sommes, ne jamais se laisser manipuler par le pouvoir grâce à des fausses promesses, il s'agit d'une déstabilisation pire et simple.

Ne jamais prendre une décision sans consulter les membres du parti, sans informer les militants, ainsi que le reste de l'opinion.

Après une lecture plurielle, et attentative de tous les projets, je lance un appel aux citoyens de voter pour madame Anta Babacar Ngom.

Non seulement son élégance, et le projet qu'elle nous a soumis lors des dernières élections présidentielles, démontrent sa vision de proposer ce qu'il faut, mais aussi déterminent sa capacité de gérer le pays.

Ce projet est à mon avis, la solution qu'il nous faut, dans le contexte actuel.

Il ressemble à une pluie torrentielle qui viendra débarrasser nos rues de toutes les ordures qu'elles disposent.

J'ai décidé de soutenir le projet de madame, parce qu'il résume celui géopolitique de notre continent.

Je l'ai fait, parce que je sais après l'eau, la femme est source de vie et de bonheur.

Si nous sommes aujourd'hui sur cette terre, c'est grâce à la femme.

Elle est capable de faire de l'homme, et de son milieu ce qu'elle veut sans aucune difficulté.

Son expérience est indispensable dans l'éducation nationale, elle joue également un très grand rôle dans la réussite de toute chose.

On peut réussir sans l'aide d'un homme, mais jamais sans celle de la femme.

L'importance de sa présence nous a été signalée dans le Saint Coran, car Dieu rappelle qu'aucun homme ne peut accomplir sa religion sans une femme pieuse.

Parmi les 313 ou 323 Messagers mentionnés dans les livres, figurait le nom d'une femme la Reine de Saba.

Une sourate entière fut dédiée aux femmes dans le Saint Coran la sourate Mariama.

Ceci dit : que Dieu n'a donc pas épargné leur nom, avec notre soutien elles peuvent gouverner en nous apportant ce qu'il faut.

Il faut rappeler que, la femme est toujours devant ou derrière l'achèvement de n'importe quelle œuvre.

Parmi toutes ces millions de femmes, si elle a été la seule à se présenter, c'est parce qu'elle a une ambition qui est celle de contribuer à la construction de notre pays.

Elle démontre vraiment sa fierté d'appartenir à ce beau pays sans complexe, ayons confiance en elle.

À force de trop prendre les choses dans le sens négatif, certaines risques de ne pas se produire.

La femme dans son aspect physique, est un pouvoir, chez elle, le vouloir c'est aussi le pouvoir.

Si la contrainte a été imposée à toute œuvre humaine de façon naturelle, tout comme étatique, c'est de l'empêcher avant tout d'obéir a sa passion.

Sachant bien que les femmes disposent une force capable de détruire, et de construire en même temps indepemment de la volonté humaine, il fallait mettre en place une autre force au dessus de celle qu'elles disposent appelée la loi.

Un pouvoir, mais une loi pour limiter l'exercice total de ce pouvoir par contre, l'homme a son tour, ne doit pas considérer cela comme une supériorité mais plutôt comme une différence.

Cette différence, démontre que l'homme prend beaucoup de temps pour réfléchir avant de prendre une décision, dans cette décision réside le scepticisme.

Quant à la femme la décision peut être prise à l'immédiat, et il n'y a presque aucune probabilité pour sa réalisation.

En réalité, lorsqu'une femme décide elle le fait sans débat, c'est pourquoi elle a besoin d'un accompagnement, bien que fragile mais elle est bien capable de gérer.

Ici-bas, l'homme ne peut être rien d'autre que la volonté de la femme de la naissance à la réussite c'est ce qui lui donne le titre " la vie "

Parlant de l'Etat, qui est une autorité politique et morale, la femme peut sans doute être présidente de la République et gérer le pays mieux que certains hommes.

La participation féminine dans la gestion est une question essentielle de nos jours, elle joue un rôle important dans l'éducation d'une nation.

La notion Etat, n'épargne aucune couche et la société humaine est organisée de telle sorte que chaque personne a un rôle différent de celui de l'autre.

Tout être humain sert à quelque chose dans la société en parlant uniquement de l'importance de la femme, on aurait pu dire que sans elle il n'y a pas de vie, au même moment on serait entrain de minimiser le rôle d'un homme.

Ceci dit : cette complémentarité entre ces deux sexes est le signifié de la vie dans tous les domaines.

La notion Etat, désigne l'organisation complète d'une nation, elle ne saurait donc faire une distinction marginalisée, la loi est nationale c'est-à-dire elle s'applique à tous.

La constitution donne accès à tous et à toutes de se présenter à partir de 35 ans cette loi est indépendante de toute volonté humaine.

Anta Babacar Ngom est une femme capable de changer la situation politique, et économique de notre pays à travers sa vision politique qui est celle de la prospérité collective de la nation.

J'ai décidé de rejoindre le mouvement Arc parce que je me trouve dans l'idéologie politique de Anta, nous avons la même vision des choses, la même conception, voire la même analyse.

La volonté parfaite de madame, est de donner la possibilité à chaque citoyen de s'exprimer valablement et convenablement.

Notre volonté est de former un peuple sain conscient de son histoire, de son état, mais aussi engagé pour la défense d'une cause commune.

CHAPITRE 2

LA GESTION DU POUVOIR

Toutefois, il est important de rappeler qu'aucun citoyen ne devrait avoir le libre choix de participer, ou non au développement de son pays. Si la défense des droits et libertés d'un citoyen est une chose garantie par la loi, sa participation active et constante à la construction d'un Etat indépendant doit aussi être une obligation.

Il faut cependant, œuvrer pour la mise en place d'un mécanisme adapté aux réalités qui puisse permettre à la jeunesse de s'y impliquer vaillamment.

Nul n'existe pour rien, de ce fait, nul ne doit être épargné.

Chaque individu n'ait dans une société donnée, s'il ne s'en rend pas compte qu'il doit à cette société, il reviendra à elle de lui ramener à représenter quelque chose pour elle, car de toutes les façons, il bénéficiera de ses acquis.

Si la société sait que quelque soit l'état d'une personne, elle ne pourra jamais se débarrasser d'elle, alors elle doit faire en sorte que, cette dernière ait des qualités ainsi que des compétences profitables à tous.

La nécessité de ce cadre de vie, mérite d'être une réalité dans tous les pays africains.

Nul ne doit être abandonné a son propre sort, c'est l'homme qui démontre sa volonté de dominer la nature, c'est lui qui agit sur elle par contre, cette volonté de domination devra être saine.

En réalité, il y a des lois auxquelles il faudra sévèrement obéir pour construire une société libre, digne, et prospère.

Aujourd'hui, cette démission flagrante des forces de la société, à savoir : les riches et les dirigeants face aux principes de l'évolution humaine, fait que la jeunesse perd de l'espoir dans son propre pays.

L'Afrique se fait vider peu à peu de sa jeunesse, grâce à un manque de volonté farouche des dirigeants à pouvoir créer un cadre de vie prometteur.

Pendant que les autres traitent bien leur chien, ici on assiste à un refus permanent de certains cadres incompétents à céder la place aux nouveaux talents.

En effet, la première chose valable pour tous, notamment : les politiciens et les tenant du pouvoir, est le nettoyage des cerveaux des jeunes en les permettant par des voies pacifiques, et intellectuelles à contribuer au développement collectif de leur nation sans quoi rêver d'une Afrique développée ne sera qu'une fiction.

L'erreur que la plupart des dirigeants commettent, surtout lorsqu'ils cherchent le pouvoir, est le fait de mentir aux jeunes pour se faire élire une fois qu'ils accèdent au pouvoir, ils ne se soucient plus de la réalisation des promesses tenues.

Parce contre, ce fait engendre des conséquences très dangereuses telles que : les manifestations répétitives qui se soldent par des pertes en vies humaines et plus loin qui se terminent par des coups d'états militaires.

La jeunesse ne doit pas être exclue, l'état doit se servir d'elle comme étant une force vive capable d'apporter un résultat positif, malheureusement, cette culture de fabrication d'espèces humaines dotées du bon sens nous manque.

Néanmoins, rappelons que la plupart des problèmes auxquels nos États sont confrontés aujourd'hui proviennent d'eux mêmes, que ce soit le mensonge, l'incompétence des cadres, le non respect des lois, la volonté de se maintenir au pouvoir par la force.

Pour un troupeau de vaches un seul bâton suffit pour diriger, quant à un groupe d'hommes il faut un bâton pour chaque personne. Ce qui voudrait dire, l'éducation est un processus méthodique par conséquent, la méthode peut varier d'une personne, à une autre d'où l'importance de la loi.

Très fort malheureusement, il y a des gens parmi nous qui n'ont pas peur de violer la loi en pleine journée. C'est pourquoi, il faut trouver une méthode adaptée à leur façon de voir les choses .

Nous venons d'assister à un scénario qui met le continent en conflit avec soi-même, il s'agit du retrait des trois États à savoir : le Burkina Faso, le Mali, et le Niger de la communauté Economique des États de l'Afrique de l'ouest (CEDEAO) pour former l'AES l'alliance des États du Sahel.

Ce retrait, est une illustration parfaite de la mauvaise volonté des dirigeants actuels de mettre fin à un certain de nombre de pratiques à temps, il est aussi le témoignage d'une idéologie politique naissante de ces pays, différente de celle de la communauté actuelle.

Lorsque des gens à qui l'on a confié certaines organisations servant à mettre de l'ordre dans la cité, contribuent à la réalisation du mensonge il faut bien le dire c'est de l'indignité absolue.

Que dire lorsqu'un président de la République étant en terme de son mandat, en même temps à la tête de la CEDEAO organise des élections présidentielles, pour se présenter à un troisième mandat.

Quelle sera la légitimité de la communauté dans ces pareilles circonstances ?

Les actuels dirigeants n'ont jamais eu confiance en eux-mêmes, ils ne cessent de se mentir dès que l'occasion se présente voilà pourquoi l'Afrique a toujours des problèmes.

Lorsqu'un président est démocratiquement élu, il doit démocratiquement quitter le pouvoir comme l'a fait le président Macky Sall à qui je rend d'ailleurs un vibrant hommage ceci dit : il doit organiser des élections libres, crédibles, et transparentes. Par contre, s'il décide de se maintenir au pouvoir par la force, il revient à la communauté de prendre toutes les dispositions nécessaires pour empêcher la tenue de sa volonté égoïste.

Après les coups-d'etats militaires les principales raisons évoquées sont les suivantes : les coups-d'etats constitutionnels et le cri de cœur des populations.

Je suis d'accord avec les militaires, pour la simple et bonne raison que, j'ai vécu le coup-d'etat constitutionnel dans mon pays la République de Guinée malgré toutes les tentatives de déstabilisation, le président Alpha condé a tripatouillé la constitution dans le but de se maintenir au pouvoir sans aucune réaction de la part de la communauté.

Aujourd'hui les sanctions tombées n'auraient pu avoir de l'effet que si la CEDEAO avait engagé des négociations préalables pour résoudre les crises.

Que représentent ces sanctions si ce n'est une injustice infligée aux citoyens de ces pays, la communauté economique des États de l'Afrique de l'ouest doit revenir à la raison.

La CEDEAO doit revenir à la raison non pas seulement pour ces trois pays, mais en tant qu'organisation ouest africaine en mettant en place des méthodes très efficaces qui commencent par la création d'une armée ouest africaine dans le cadre de la lutte contre le terrorisme, et le deguerpissement des présidents égoïstes qui refusent de quitter le fauteuil à la fin de leur mandat.

Elle doit envisager des solutions économiques comme son nom l'indique qui puissent aider les pays à travailler dans ce sens pour mettre fin à la misère des populations.

En réalité, la CEDEAO n'a aucune crédibilité aux yeux des citoyens aujourd'hui dû à son inefficacité.

Maintenant lorsque la CEDEAO ou la communauté economique des États de l'Afrique Centrale, ne font pas leur devoir, il revient à l'Union africaine de dire son mot dans la mesure où elle reste au dessus de toutes ces organisations sous-régionales.

Lorsqu'un citoyen se permet de tenir des propos insensés, il revient aux autorités de lui freiner, nul ne peut par sa propre volonté restreindre la liberté de circulation des personnes et leurs biens.

La nation, est une organisation humaine bien structurée ayant une même histoire, une même géographie, et une même langue soumise à une même loi.

Toute personne née sur ce territoire bénéficie de ces avantages comme toute autre personne légale, toute personne majeure peut appartenir à cette nation légalement. En effet, lorsqu'un citoyen issu de cette même nation voudra défendre ses intérêts, cela ne passe pas par la stigmatisation ou la ségrégation d'une communauté.

L'amour de la nation ou de la patrie passe par la défense de ses acquis, de ses attributs, en respectant ses lois, l'opinion ainsi que les personnes vivants sur ce territoire tout en assurant leur protection physique et matérielle.

La Guinée et le Sénégal sont deux pays frères appartenant à des organisations communes, ceci dit: la présence d'un guinéen au Sénégal, ou celle d'un sénégalais en Guinée n'est pas un fait de hasard.

Deuxièmement, les étrangers ne représentent pas une menace pour l'économie d'un pays.

Troisièmement, le secteur primaire et le secteur tertiaire ont toujours regroupé les 75 voire les 80% de la population active dans presque tous les pays du tiers monde.

Cette situation, il faut le dire est l'une des conséquences de la faiblesse du secteur secondaire.

La présence des étrangers n'est pas un facteur du sous-développement, au contraire qu'on le veille ou pas ils contribuent à la croissance de l'économie du pays dans lequel ils vivent.

Leur vie n'est pas gratuite, ils payent l'impôt, l'électricité, l'eau, les routes, ainsi que le loyer.

Ils sont productifs, car ils favorisent la création de certaines petites et moyennes entreprises pour faciliter le train de vie des citoyens, qui s'étendent à la réduction du taux de chômage.

Il faut assurer leur sécurité plutôt que de les réprimer.

Ces étrangers n'exigent rien à l'Etat, que d'assurer leurs personnes physiques ainsi que leurs biens comme tout autre citoyen. Par contre, ils ne sauraient privé les nationaux de l'emploi.

Nous somme dans un monde où l'incompétence sera obligée de céder la place à la compétence tôt ou tard, la théorie à la pratique, le mensonge à la science sans aucune discrimination telle est l'exigence du monde actuel.

Ça ne sert à rien donc de se servir des illusions pour poser des problèmes où ils n'auront aucune raison d'y êtres.

La solution serait de dire la vérité au peuple dont on cherche à faire plaisir, il s'agit de se mettre au travail pour combattre la pauvreté ne pas attendre tout du gouvernement.

On peut réussir sa vie ou carrière sans l'Etat c'est une évidence, il suffit de décider de prendre son destin en main franchir les étapes sans aucune crainte.

La solution c'est de travailler dur pour l'avenir de ce beau pays, il faut opter pour la formation des ressources humaines qualifiées, et conscientes capables d'apporter des connaissances novatrices.

En tant que leader, il faut exciter les jeunes à s'impliquer dans la construction d'un Etat juste et équitable au lieu de tenir des contre-vérités pour se faire aimer.

La plupart des jeunes étrangers qui viennent au pays, c'est pour leur formation universitaire afin d'aller construire les leurs.

Il faut se rejouire d'une part, car cela démontre la qualité du système éducatif sénégalais, ensuite c'est un fait qui prouve qu'on doit continuer à œuvrer dans ce sens.

Dans le cadre de la coopération sud-sud combien de sénégalais vivent en Guinée ou encore ailleurs dans le monde et ces États sont obligés de défendre le droit, la liberté, et respecter la dignité humaine de ces gens.

Monsieur, le nationalisme consiste: à envisager des solutions économiques, politiques, et professionnelles pour permettre aux citoyens et citoyennes de s'investir davantage dans la construction d'une nation saine, loyale, et prospère mais pas de tenir des débats en ciblant une communauté pour créer des conflits.

Nous pouvons faire partir ces étrangers de notre pays, sans une réelle volonté politique on serait entrain de donner naissance encore à un autre problème sachant très bien qu'on ne peut pas faire ce qu'ils font.

C'est un sentiment de zénophobie manifesté à l'égard des étrangers avec tout le respect que j'ai pour le Sénégal, je sais qu'il a des élites capables de freiner ce phénomène pour ne pas qu'il prenne de l'ampleur.

Le rôle d'un intellectuel dans la société, c'est de se mettre à la recherche permanente de la vérité.

Les premiers intellectuels sénégalais sont irréprochables dans ce sens, ils avaient défendu l'identité du monde noir, éveillé les consciences de l'humanité je ne peux passer sans saluer la mémoire de l'immortel Cheickh Anta Diop.

Un intellectuel, c'est aussi quelqu'un qui dit la vérité même quand elle pourra blesser certains.

Je continue de soutenir madame Anta Babacar Ngom pour la lucidité de son projet, la fluidité de son esprit et sa franchise envers le peuple.?

Voilà une personne qui souhaite défendre l'ensemble des valeurs de la nation telles que : les valeurs sociales, républicaines et démocratiques.

Elle cherche à régler certaines questions liées aux conditions de vie des citoyens, afin de bâtir ensemble une nation économiquement forte.

La meilleure façon de défendre les intérêts d'une nation, consiste à consacrer le temps et les moyens en faveur de sa formation.

La formation permet à l'homme de faire la part des choses, et de savoir avec quel pied danser.

Elle permet également à l'homme de se faire, c'est-à-dire faire de soit l'homme qu'on souhaite.

La plus grave maladie qu'un citoyen peut avoir, c'est de prendre le plaisir de ne rien vouloir faire dans le cadre de la construction de son pays.

La préparation d'une conscience citoyenne doit être la priorité de chaque leader grâce, à cette conscience l'Etat n'a point besoin de se faire du souci même pour un citoyen étant dans une zone reculée.

Elle offre la possibilité à un citoyen de ne pas être isolé, de la conquête à l'accession au pouvoir un leader qui se dit favorable à la défense de la patrie, doit en même temps défendre toute personne qui défend les mêmes intérêts que lui quelle que soit la nationalité, ou la croyance religieuse de cette personne.

En effet, un leader c'est celui là qui sait avant tout que la vérité, et la loi n'ont pas d'ethnie et qu'en conséquent, la seule personne qui mérite d'être soutenue c'est celle qui est, ou qui cherche à être utile à la société.

C'est la raison pour laquelle, la question liée à la présence d'une communauté me paraît être insignifiante.

L'Afrique reste une famille, même si cette réalité n'existe que par le dire mais pour ce rendre compte il suffit de faire un tour dans certains pays africains.

Néanmoins, le plus important c'est l'idéologie, à quoi servirait une famille si ce n'est d'avoir la même opinion autour d'une question essentielle.

Quelle place aurions-nous donner à un compatriote qui tenterait de menacer notre intérêt, contrairement à un individu issu d'une autre famille qui nous défend.

On parle d'une famille politique, qui est l'ensemble des personnes ayant la même perception de la vie, le même regard vis-à-vis de l'Etat et de ses institutions.

La logique actuelle, n'accorde plus d'importance aux appartenances religieuses, biologiques, ou nationales.

Un patriote ne cible pas une communauté, mais plutôt un fait ce qui signifie qu'il est prêt à s'opposer contre toute personne qui représentente un obstacle pour l'évolution de la vie sociale.

La véritable cible d'un leader d'opinion, c'est bien le combat des maux dont souffre la société.

Aucune prise de décision concernant la vie de sa nation ne l'echappe par conséquent, il s'engage à envisager des solutions pour assurer la stabilité politique, et économique de l'Etat.

Une société a besoin d'un leader sincère dépourvu de tout sentiment d'assujettissement ou d'abus de pouvoir.

Qui parle de la présence d'un leader sincère à la tête d'une société, parle d'une nation libre et paisible. En réalité, lorsqu'un leader tâche de rester sincère, ça donne l'assurance aux citoyens de se sentir à l'aise.

Un leader, c'est celui qui se sert des lois en toute liberté, dans la mesure où chaque pas qu'il empreinte influence la vie des citoyens. Ceci dit :

lorsque les chefs d'états respectent la loi, elle sera respectée par tous et toutes.

Le leader représente un miroir pour le peuple de ce fait, il doit avoir une bonne image mais aussi parce que d'autre part entre les gouvernés et les gouvernants c'est l'inverse.

A noter que, la meilleure façon pour un citoyen de participer respectueusement au développement de son pays de nos jours, est de proposer des solutions à son gouvernement. Par contre, cette interconnexion entre citoyen et gouvernement doit être mis en place par l'Etat afin de faciliter l'échange de manière régulière.

Un leader politique n'a pas besoin de se faire aimer, il a juste besoin de se faire respecter comme tout autre homme normal.

Pour réussir, il ne faut jamais avoir peur de l'échec ou des critiques il est plutôt normal de profiter de ces critiques pour améliorer sa perception du monde extérieur.

Lorsqu'on fait les choses avec conviction, on ne doit pas tenir compte des jugements des autres qui peuvent influencer négativement notre vision.

Que ce soit avant ou même étant au pouvoir, il ne faut guère réagir à la base des présomptions tout en sachant que plusieurs vies humaines ont été sacrifiées pour qu'on soit là.

Chaque opposant défini sa ligne politique, mais aussi chaque régime se penche sur un secteur donné.

La première République, et la deuxième République étaient basées sur le socialisme un système politique qui prône l'égalité des citoyens devant la loi et qui a pour objectif, la défense des acquis ainsi que celle des attributs.

La troisième tout comme la quatrième République se sont basées sur le capitalisme en offrant la possibilité aux entreprises de concurrencer sur le marché, elles ont également renforcé la capacité des institutions républicaines, il faut noter aussi que plusieurs projets avaient été élaboré certains ont été réalisé c'est un atout.

La question qu'il faut se poser maintenant est de savoir quelle est la vision de Anta Babacar Ngom ?

Pourquoi elle mérite d'être soutenue ?

Anta Babacar Ngom est une femme digne de la République du Sénégal résolue à défendre les valeurs de la République, animée d'une ardente volonté de permettre au peuple de construire un État juste et souverain c'est à dire qui dépend de lui-même dans tous les domaines.

Dans cette perspective, elle a comme ambition de créer des voies et moyens qui permettront à la jeunesse de s'engager consciemment à la construction du patrimoine national.

À travers son projet, elle nous propose des solutions concrètes grâce auxquelles l'indépendance alimentaire sera largement une réalité.

Dans cette optique, elle envisage des solutions nettes pour permettre à son pays d'être indépendant financièrement, tout en créant de l'emploi à la base de ses propres ressources.

La vision de cette femme est de faire en sorte que l'Etat cesse d'être victime de domination étrangère dans n'importe quel domaine, prendre ses responsabilités face à toutes les situations.

Selon elle, rien ne devrait être imposé au peuple c'est à lui de proposer un modèle de gouvernance, tous unis pour la même cause.

La vision politique de Anta Babacar Ngom est de donner la possibilité à chaque intellectuel de faire travailler son esprit dans le cadre de la mise en place des nouvelles connaissances, permettant ainsi à chaque sénégalais quelque soit son niveau d'étude d'avoir confiance en soi-même.

Sa politique consiste à inciter chaque âme à lutter pour sa survie et son développement.

Elle sait que l'aide que nous attendons des autres ne sera jamais une réalité, elle ne fera d'ailleurs que nous plonger dans la mendicité et qu'en conséquent chacun d'entres nous devra appuyer sur ses claviers.

En ayant toutes les qualités physiques, intellectuelles, mentales, et sociales.

Je trouve que Anta Babacar Ngom est présidentiable par ce que sa vision est celle qu'il nous faut, son analyse porte sur une réorganisation structurelle de l'Afrique.

En réalité, c'est une nouvelle stratégie qui tient compte des besoins ainsi que des profondes aspirations des peuples.

Anta Babacar Ngom est une femme déterminée à donner au peuple son indépendance au vrai sens du mot.

Je suis également déterminé à soutenir cette brave dame, qui dans toute sa maturité dispose des moyens légaux pour permettre à son pays d'être un modèle du développement des pays du tiers monde.

Son ambition est personnelle, mais indispensable dans le cadre de l'amélioration des conditions de vie des citoyens.

Si nous aspirons à un réel bonheur, nous voulons vivre libre et heureux, si nous rêvons en une prospérité partagée alors nous devons voter pour l'alternative citoyenne pour la Relève de Anta Babacar.

J'invite tous et toutes à se mobiliser pour qu'en fin le rêve de cette femme soit une réalité, cette invitation sera surtout adressée aux filles, et aux femmes souvent victimes d'inégalité sociale, professionnelle, ainsi que de la violence basée sur le genre.

Anta Babacar Ngom je tiens à vous rappeler que je porte tellement confiance en vous, je vous apporterai tout mon soutien.

J'ai la certitude qu'une fois que serez élue à la magistrature suprême de ce pays, vous changerez les choses progressivement.

J'ai l'intime conviction que, votre rêve est de changer la démarche politique du Sénégal pourquoi pas celle de l'Afrique tout entière.

Je vous donne ma parole, je ne soutiendrai plus jamais un autre parti politique dans ce pays à part le vôtre.

N'ayez jamais peur d'affronter les obstacles qui pourraient se poser sur votre chemin, continuez à critiquer, à dénoncer, et à proposer des solutions objectives en maintenant votre position.

L'on peut ne peut vous aimer, mais nul ne dira que vous n'avez pas une bonne vision.

À un moment donné, il peut arriver qu'on vous insulte, critique, menace, voire intimide c'est ça la politique, mais n'ayez jamais peur de dire ou de soutenir la vérité.

Ce qui reste clair, votre situation personnelle prouve que vous vous battez pour une cause citoyenne et noble c'est l'essentiel.

Je sais que beaucoup ne vont pas aimer ce que je m'en vais dire, mais je le dirai quand même, vous êtes une grande personnalité que tout le monde devra respecter, vous êtes une solution pour ce pays.

Je trouve nécessaire de le dire, non seulement parce que la plume n'a pas de frontières, elle n'a point d'ethnie, de race, ou de religion, elle est souveraine, jeune et vieille en même temps, car elle a vécu toutes les histoires.

Je trouve important de le dire, en vue de donner la chance à ceux qui ne vous connaissent pas, de savoir qui est Anta Babacar Ngom la femme charismatique, audacieuse qui n'a pas froid dans les yeux.

Chers compatriotes, la volonté de Anta Babacar Ngom c'est de servir dignement le peuple c'est pourquoi elle mérite notre attention et soutien.

Nous ne voulons plus des chefs d'états qui sont au service des pays étrangers, nous ne voulons pas d'une monnaie commandée par un autre pays.

Nous disons non à des interventions toxiques, nous voulons d'un président qui sera à l'écoute des populations, qui prendra leur cris de cœur pour une priorité.

J'invite les citoyens de croire à madame Anta Babacar Ngom dans la mesure où son intention est de faire le bilan des régimes précédents en vue de nous proposer le meilleur.

CHAPITRE 3

LA CITOYENNETÉ

On ne peut pas construire un pays dans la confusion ou en déviant la vérité, pour construire un pays, il faut être avec une personne qui est sensible à la souffrance des populations voici l'une des raisons pour lesquelles, il faut voter pour madame Anta Babacar Ngom.

Je profite de l'occasion pour dire à mes frères sénégalais de ne pas provoquer un problème qui aura des conséquences sur notre liberté de circulation.

La plupart des gens qui viennent au Sénégal, viennent pour sa convivialité, son hospitalité, et sa quiétude sociale ceci est une valeur sociale.

Allah nous dit : Je vous ai créé avec différentes origines, différentes races ce n'est pas pour vous diviser mais plutôt vous permettre de se connaître.

L'homme n'est point un mamba qu'il faut chasser de la société.

En effet, si nous voulons réellement que ce pays devienne ce que nous voulons en terme de développement, nous devons mettre de côté la nationalité, l'origine, ainsi que les liens familiaux pour voir la vérité en face.

En tant que membre de l'alternative Citoyenne, je m'engage à soutenir indéfectiblement les actions de Anta Babacar visant à évaluer l'état de la nation afin d'élaborer un programme de développement conforme à ses aspirations.

L'objectif vise à réduire le chômage, combattre la pauvreté, supprimer l'endettement, construire des infrastructures modernes de dernière génération à la base des ressources locales.

Élaborer un programme de campagne agricole avec la réunion de toute les conditions agraires qui permettront au Sénégal de consommer des produits naturels en mettant la famine hors de ses frontières.

Élaborer un programme de construction des établissements qui seront désormais chargés de former des cadres en fonction des besoins du pays.

Ce programme agricole qui permettra au pays d'avoir une économie excédentaire va au-delà de ses frontières, pour atteindre celles de l'Afrique tout entière.

Il s'agit d'engager des négociations avec les pays de la sous-région dans le cadre de l'exploitation des produits disponibles dans chaque pays.

Toutefois, le Sénégal et la côte d'Ivoire mettront en pratique l'exploitation du cacao dans le bonheur de leurs populations respectives.

La Guinée et le Sénégal feront la même chose dans la production du riz, du blé car la Guinée dispose des terres cultivables propices à toute sorte de culture.

Ces mêmes solutions seront réalisées avec les pays du nord dans le respect des contrats avec un partage équitable.

Notre ambition, c'est de supprimer ce pays qui avait l'habitude de tendre la main mais aussi façonner l'esprit citoyen à prendre conscience de son état.

Car la meilleure décision c'est nous qui la prenons, pas celle qui est prise pour nous ou contre nous.

Notre vision ne sera pas celle qui va être consacrée uniquement à la tenue des discours, mais plutôt poser des actes positifs et pratiques en lumière.

Nous sommes venus en politique pour exprimer notre position, ainsi que proposer une piste de solutions de bonne gouvernance.

En effet, la bonne gouvernance pour nous, ce n'est pas celle qui va en fonction du rythme des pays développés en revanche, celle qui répond à nos attentes dans la mesure où chaque pays a sa propre situation géographique, économique, et sociale.

Il ne s'agit pas de faire l'exception par contre, savoir exactement quel type il nous faut, afin de le concilier au présent.

Dans le cadre de notre politique de gouvernance, nous envisageons de créer des bureaux de jeunesse au niveau de chaque commune, en vue de permettre à la couche juvénile de participer à la gestion du pouvoir.

Je regrette de le dire, mais il faut rappeler il y a un manque de confiance entre les dirigeants et les dirigés.

La question que je me pose à quoi servirait l'indépendance si les présidents se laissent dicter des lois par l'occident ?

Pourquoi ils n'assument pas leur responsabilité vis-à-vis des serment qu'ils ont prêté ?

Dans les conditions normales s'il y a un problème entre deux pays de la sous-région ouest africaine, c'est à la CEDEAO d'intervenir pour régler le différend opposant les deux pays.

La CEDEAO a un parlement qui a pour rôle, la défense des intérêts des populations des pays membres dans le strict respect des lois.

Nous avons une organisation continentale qui n'intervient dans aucun cas qu'il soit la fermeture d'une frontière entre deux pays frères ou venir au secours d'un pays victime d'attaque extérieure.

Nous avons des organisations, mais elles ne fonctionnent pas du tout.

Le fait, le plus grave nous n'exigeons pas ils viennent exploiter nos ressources naturelles en les achetant à un prix dérisoire après avoir les transformés, ils nous les revendent au retour à des prix exorbitants, parfois ce sont eux qui dictent le prix auquel ils vont les acheter.

Toutefois, il faut rappeler que les quantités exportées ne nous seront déclarées qu'après l'exportation.

Pour mettre fin à ce système d'appauvrissement de nos pays, il faudra que nous ayons des unités industrielles, il faut l'exiger au cas contraire on met fin à l'exportation de nos ressources qui présentera des conséquences sur l'économie de ces pays.

En effet, il faut noter sans hésitation que la politique extérieure est nulle en ce sens que nous sommes toujours victimes d'ingérence à tous les niveaux.

Je pense que pour couvrir notre problème commun et qui est fondamental, il faut orienter notre politique sur l'agriculture, car la terre ne trompe pas, elle protège toujours l'intérêt de la personne avec laquelle elle collabore.

Quel sera aujourd'hui l'espoir de la jeunesse lorsque les deux pouvoirs qui la représentent ne jouent pas pleinement leur rôle ?

À quoi servirait nos institutions lorsque l'ONU ou la France sont saisies dans un problème sénégalais ?

En réalité, c'est grâce à cette série de crises que nous sommes en politique pour changer la façon de faire des dirigeants, et des populations, en proposant des solutions concrètes et absolues.

Il nous faut travailler, c'est cela que nous trouverons la liberté, pour se respecter et se faire entendre il faudra travailler ne plus s'attendre à une aide extérieure.

Nous avons plusieurs façons de combattre mais aujourd'hui celle qui nous préoccupe est bien celle qui sera consacrée à la défense de l'intérêt collectif.

Le travail est la seule option qui nous hissera au rang des grandes nations, il se présente comme une obligation.

Toute théorie défendue sans être en conformité avec l'expression de la population est considérée comme une théorie négative et illégitime.

Tout combat qui ne répond pas aux besoins des populations, est sans doute un combat personnel visant à détruire le profit du peuple.

Mon objectif ne vise pas à défendre une personne mais plutôt une cause permettant au pays d'atteindre sa souveraineté politique et économique.

Je ne casse pas mon intention de défendre la cause citoyenne en général, surtout celle de la femme en particulier, je profite de l'occasion pour rendre un vibrant hommage à la femme sénégalaise.

Cette femme mérite d'être considérée et traitée avec courtoisie, car elle a contribué dans la construction de ce pays dont nous sommes fiers aujourd'hui.

En effet, on ne peut jamais parler de la littérature africaine sans parler de la participation des femmes sénégalaises, elles furent actives dans le cadre de l'éveil des consciences.

Elles ont manifesté leur sentiment de liberté sociale, professionnelle, culturelle, ainsi que relationnelle.

Je respecte ces femmes noires, grâce à leur maturité de maintenir un équilibre entre leur vie socio-professionnelle et conjugale avec une soumission inégalable.

Elles ont marqué chaque étape de l'histoire pendant la période coloniale Aline Sittoé Diatta une brave femme défenda durant toute sa vie la liberté et la dignité du peuple sénégalais, jusqu'à sa mort en restant fière de ses racines.

Je ne peux passer sans toucher certaines grandes figures féminines telles: Mariam Bâ, Aminata Sow Fall, Amy Sarr Fall, Anta Babacar Ngom. Ceci dit : l'Afrique n'est pas nouvelle dans la politique, tout comme dans la démocratie, ses filles n'ont plus.

C'est pourquoi la présence de Anta Babacar Ngom sur la scène politique ne doit pas être perçue comme une surprise, elle est capable, car toutes ces femmes dont les noms ont été cités, ont laissé des traces positives.

J'invite cette courageuse population, capable de prendre son destin en main de porter confiance à cette jeune dame animée de volonté de changement avec elle, je vois le décollage du pays vers un bonheur infini.

Anta Babacar je viens très respectueusement vous tendre la main, car mon défunt père me disait à chaque fois l'occasion se présentait, mon fils aime et soutient les bonnes personnes quelque soit leur nationalité, origine, sexe, ou croyance.

Je viens donc vous témoigner mon amour, mon soutien, ma confiane, et ma considération pour vous, votre famille biologique, professionnelle, ainsi que politique.

Je viens de loin, car ma venue est le résultat d'un long moment d'observation, c'est pour cette raison qu'elle est dépourvue de tout sentiment de passion et d'émotion.

Malgré l'imperfection de l'œuvre humaine, si j'ai décidé de vous rejoindre c'est parce que je vois en vous la personne qu'il faut pour ce pays.

Je viens avec une grande patience car Allah récompense toujours les patients, je vous demande d'être patiente à cause de la vérité que vous détenez sachant bien que seule la vérité triomphera quelque soit le temps qu'elle prendra.

Je crois en vous, je sais que rien ne bouge sans la volonté de Dieu et ce même créateur ne guide jamais ses serviteurs vers un chemin qu'ils n'atteidront pas, il nous faut juste de la tolérance et de la patience.

Ceci dit : si Dieu vous mène vers un chemin parcourez le avec courage et persévérance vous verrez le jour.

Je crois en vous, dans la mesure où la première demande approuvée par Allah fut celle de la femme, c'est pourquoi personnellement je sais que vous pouvez devenir la personne que vous voulez sans doute.

Vous bénéficierez de mon soutien durant toute mon existence, c'est une promesse, car la Guinée et le Sénégal sont une famille les géographes et les historiens peuvent le confirmer et il a déjà été aussi rappeler dans les œuvres de Cheickh Anta Diop paix à son âme !

Je suis prêt à vous soutenir dans le respect, dans la vérité, et dans la construction des belles œuvres.

Je tiens à rappeler à l'opposition, que s'opposer à quelqu'un ne veut pas dire porter atteinte à sa liberté ou à sa dignité, mais prouver le contraire de ce qu'il dit ou fait sur la base des faits réels.

Éviter des propos qui peuvent ternir l'image de la République, s'opposer à quelqu'un sert à dénoncer les actions defavorisant les intérêts de la nation mener par cette personne.

Le pouvoir doit accepter d'être critiqué, afin d'améliorer sa façon de faire, je pense que si notre objectif commun est de défendre la nation, à un moment donné il faut accepter de se trouver autour d'une table pour trouver la solution.

La presse en tant qu'appareil légitime ne doit pas relayer des informations infondées, elle doit maintenir sa position d'impartialité en maintenant un équilibre entre les forces vives de la nation.

À un moment donné le pays aura besoin de tous ses fils, et de toutes ses filles même la diaspora dans la mesure où le développement est un combat collectif, alors il faudra mettre les egos ainsi que l'orgueil à côté pour placer l'intérêt supérieur de la nation au dessus.

Nul n'est au dessus de la loi, aucun intérêt n'est supérieur à la nation c'est pour quoi il faut jamais détruire les acquis à cause d'une personne ou d'un parti seule la nation demeure.

Il est normal de manifester sa colère avec des pancartes mais ne jamais détruire les biens publics, c'est l'une des raisons pour lesquelles d'ailleurs la Guinée est en retard on pense toujours se venger des autorités en pillant nos propres biens.

L'électorat c'est maintenant, il s'agit d'un long processus allant d'une période à une autre, c'est maintenant que le peuple choisira son candidat. Je tiens aussi à rappeler un fait, la liberté d'expression est un droit cette nécessité pour suivre son cours normal obéit à un certain de nombre de principes.

En effet, ça me fait très mal de voir deux peuples liés par la même religion, la même histoire, d'une part la même géographie se détester à petit feu, j'invite les autorités de ces pays à prendre leur responsabilité pour mettre fin à un tel comportement.

On peut se livrer à des concurrence dans le bon sens tels que : le travail, ainsi que dans le cadre des compétitions culturelles, artistiques, et sportives pour consolider nos relations et non se détester ou se haïr c'est vraiment dommage.

Nous sommes les mêmes, fils d'une même femme et d'un même homme, la Guinée n'est point à la base d'aucune souffrance du Sénégal réciproquement la solution donc serait de se donner les mains travailler ensemble dans le bonheur des populations.

Les jeunes doivent faire très attention, par ce que les chefs d'Etats sont ensembles, ils ont la même vision au pouvoir.

Pour moi, je suis guinéen, j'aime le Sénégal ses fils ainsi que ses filles, je respecte ce pays et j'ai une profonde affection pour lui tout comme pour le mien.

Aujourd'hui, ma plus grande préoccupation est d'assurer la liberté politique, économique du continent, jamais je ne me livrerai à des choses insensées.

Je préfère mourir que de consacrer mon temps à combattre contre mes propres frères africains.

De ce fait, tant que mon esprit est saint, je défendrai les intérêts du continent africain, je m'opposerai aussi contre toute personne qui tentera de menacer son intégrité physique, économique et territoriale quelque soit son origine.

Si j'ai décidé de soutenir madame Anta Babacar ?c'est parce que je la vois comme une vraie relève pour cette jeunesse sénégalaise et africaine vibrant d'espoir.

Elle représente pour la nouvelle classe politique, un avenir, une battante, une fierté nationale, et internationale dont tout le monde devra tirer soutenir.

Je souhaite par la même occasion, bonne chance au président de la cinquième République, et à son gouvernement tout en ayant l'espoir qu'ils répondront convenablement aux attentes des populations.

Je réaffirme mon engagement de soutenir Anta Babacar Ngom à vie pour un Sénégal développé dans une Afrique développée et prospère.

Vive l'alternative citoyenne pour la Relève !

Vive la République du Sénégal !

Ensemble nous pouvons.

Tout ce qui est une obligation, peut ne pas être une obligation mais une nécessité, l'unité nationale dans le cadre du développement est une obligation.

Aucun pays ne pourra se développer si ses citoyens et citoyennes ne conjuguent pas le même verbe.

CHAPITRE 4

LE RÔLE DE LA POLITIQUE DANS LA VIE D'UNE NATION

La divergence d'opinion doit être considérée comme une nécessité, dans la mesure où elle nous permet de déceler les bonnes graines des mauvaises, mais elle ne doit en aucun cas faire l'objet de division ethnique ou politique.

La divergence objective, devrait nous approcher les uns des autres, afin de tracer ensemble une ligne structurelle et stratégique.

La différence, est une nécessité sociale qui sert à nous proposer plusieurs voies conduisant à une même raison.

La divergence d'opinion, est le fondement de la science même, toutes les démarches, ainsi que les estimations avaient pour rôle principal, l'établissement de la vérité.

L'objectif de la politique, consiste à proposer et de prendre des mesures préventives aucours de chaque pas empreinter par la nation.

Être un homme politique, c'est avoir une réflexion régulière et générale sur l'évolution de la société.

La politique, est un indispensable outil qui puisse orienter les activités de l'homme de façon rationnelle, collective, et constante.

Cette constance, exige l'observation des règles disciplinaires, en vue d'éviter tout débordement émotionnel qui peut être source de conflit personnel ou relationnel.

La politique ne vise point une tierce personne, mais un fait, c'est l'une des raisons pour lesquelles, elle ne peut être une bataille entre deux personnes ou deux formations, mais une résolution permanente des crises et le balayage des personnes étant à la base de ces crises.

La grandeur de l'homme se reconnaît à travers sa vision, sa capacité à résoudre une équation dans la simplicité.

La grandeur de l'homme se détermine aussi à travers sa ténacité, son audace, et sa bravoure dans la conquête des connaissances démontrables conformément à l'espace.

La grandeur de l'homme se sent également à travers sa détermination dans la sauvegarde, et la multiplication des biens publics.

En réalité, lorsque nous décidons de défendre une cause publique, nous devons le faire avec conviction et certitude.

Les deux raisons fondamentales, nobles pour lesquelles on doit se battre en tant que politique, sont : la défense des intérêts ou des acquis de la République, et la défense d'une cause nationale par extension, il peut s'agir de l'abrogation d'une loi unilatérale, ou la proposition d'une autre dû à l'obligation de la situation.

La politique n'est pas une chasse à la baïonnette par contre, il ne faut avoir aucune crainte de combattre le mal ou la personne qui engendre le mal quelque soit leur origine.

Quelque soit notre lien, il ne faut

 jamais accepter d'être l'avocat du mal ni faire l'avocat du diable, seule la nation et les personnes porteuses de bonnes œuvres méritent notre défense avant tout et après tout.

Quelle que soit la raison, la considération de l'espèce humaine doit être placée au centre des discussions notamment : l'éducation, car elle occupe une importante place dans la construction d'un Etat de droit où chacun se sentira en liberté et en sécurité. Je tiens à préciser que l'éducation de l'homme est une obligation pour l'organisation de chaque société humaine vers l'excellence.

La seule différence entre l'homme et l'animal, c'est l'éducation bien qu'elle exige des mesures punitives et relatives, aucune méthode n'est valable pour tous, mais il faut quand même une méthode instructive.

La disposition des connaissances de l'état de chaque espèce humaine, favorise sa maîtrise et son dynamisme.

La meilleure gouvernance à laquelle les présidents africains doivent faire face aujourd'hui, reste l'investissement dans la formation des enfants de manière impérative.

La seule inégalité, dont l'on peut infliger arbitrairement à l'homme c'est bien le manque d'éducation.

En effet, l'une des causes pour lesquelles nous sommes souvent confrontés à des problèmes dans la construction de nos pays, c'est bien le taux élevé d'analphabètes.

Un analphabète, c'est comme une belle villa sans courant d'où l'importance de l'éducation, et celle de la formation.

L'esthétique de la politique, nous aide à comprendre l'origine du problème, envisager des solutions adéquates propre à chaque cas, tout en faisant des amendements sur des choses déjà établies et planifiées.

Le côté esthétique de la politique, sert à apporter des corrections sur chaque secteur de la vie d'une nation, sans aucune contrainte ni déformation physiologique.

J'aime la politique, car pour moi, elle permet à l'homme de déployer toute son imagination au service de l'invention des belles choses.

La valeur d'un homme politique, se reconnaît à travers sa capacité à mettre son quotient intellectuel au service de l'émergence de son pays, elle ne saurait être un dégagement de haine contre une ethnie.

L'une des beautés séduisantes de la politique, consiste à proposer des solutions après chaque critique, en vue de conduire normalement les activités administratives.

Elle se définie comme étant, la boussole des actions réfléchies d'un être conscient c'est la raison pour laquelle, sa dimension ne saurait être réduite au seul aspect des urnes.

La philosophie de la politique, c'est l'expression populaire vers la marche sectorielle d'une économie indépendante, elle unifie, d'où son objectif est de condamner tout angonisme de nature sociale, environnementale, religieuse, ou ethnique.

Contrairement à ce que d'autres pensent, l'objectif de la politique, sert à rassembler les citoyens autour d'une même vision, la conquête tout comme l'exercice du pouvoir se réfère à la politique.

Un homme de conviction, doit avoir le dos large, et la main tendue, car la beauté de la politique réside dans le combat collectif.

Dans la philosophie de certains ignorants, la seule option que vise la politique c'est le vote. De ce fait, au lieu de la percevoir comme un instrument de changement, ils sont plutôt instrumentalisés par d'autres opportunistes qui ne les font appel que pendant les campagnes électorales.

La jeunesse doit s'intéresser à la politique non pas pour se fondre uniquement dans la masse politicienne, en revanche participer à la prise des décisions concernant la vie de la nation.

La jeunesse représente pour la nation, ce que la racine représente pour l'arbre, elle est la force, l'espoir, et la relève de la nation.

En effet, pour qu'une jeunesse soit considérée comme une relève, elle doit être informée, formée, consciente, en saisissant le sens du combat qu'elle mène.

La valeur d'un combat ne peut exister que dans la connaissance de son utilité, pour répondre à une problématique de façon logique, il faudra réfléchir mettre son cerveau à la disposition de l'imagination.

En politique ce que beaucoup ignorent, elle met l'esprit à l'épreuve, c'est à dire un esprit politique, est un esprit qui s'interroge, et toute interrogation concours à la création des modules ou d'une variable.

Si l'on parle souvent de conviction en matière politique, c'est pour la simple et bonne raison qu'elle nous permet d'avoir un esprit critique, créatif dans un cercle de raisonnement fermé.

Ce type de raisonnement nous permet de savoir que malgré notre volonté d'accéder au pouvoir, nous ne pourrons jamais satisfaire individuellement nos citoyens par conséquent, pour couvrir les besoins vitaux d'une nation, il faudra forcément que chaque localité ait accès à une eau potable, à une éducation, et à un soin de santé gratuitement.

Cette notion l'Etat est capable de tout, ou n'est incapable de rien est souvent mal saisie par la jeunesse africaine, l'Etat ne pourra pas rendre tout le monde heureux, mais l'Etat aura la place de tous et de toutes surtout ceux qui produisent.

La jeunesse doit rêver, ne pas se stagner dans cette conception selon laquelle, c'est Dieu qui donne, qui constitue un frein pour son génie créateur.

Dieu aime ceux qui fournissent de l'effort, pour preuve, les personnes qui prient et qui font des sacrifices n'auront jamais la même récompense que celles qui ne le font pas.

Le destin est une conception métaphysique, mais réelle, c'est vrai que nous voyons dans la vie de tous les jours des proches qui réussissent sans aucune aide humaine.

En même temps nous voyons d'autres perdent tous les biens qu'ils disposaient, pendant ce temps certains appauvrissent leur semblables pour mine de rien.

Le travail quant à lui donne de l'espoir à l'âme humaine, il est une source de motivation, et de notre volonté de réussir, il est également une promesse de s'attendre tôt ou tard à un changement.

Alors, il est temps de se réveiller et de se mettre au travail, parce que les personnes que nous demandons de l'aide, ont aussi besoin de notre aide, ou celle de certains.

Rappelons nous, que seul Allah n'a pas besoin d'aide, et il nous promet en disant ceci: quoique vous fassiez peu importe bien ou mal il sera retribué.

Unissez-vous, conjuguez le même verbe, je vous aiderai et vous donnerai toutes les solutions.

Ayez pitié de vos semblables, donnez à ceux qui en n'ont besoin je multiplierai votre bien fait.

Respectez les promesses que vous tenez entre vous, je respecterai la mienne en vous assistant sur la vôtre.

Toutefois, rappelons que la majeure partie des problèmes ont leur solution sous nos pieds, mais nous ne parvenons pas à les trouver parce que nous refusons de comprendre que nous sommes les mêmes.

Le monde, c'est comme l'arbre auquel nous avions fait allusion, il dispose une racine principale entourée par des petites racines dites secondaires, mais toutes ces racines se nourrissent des mêmes substances. Elles aspirent au même bonheur, et doivent être traitées de la même manière.

La racine principale représente un support nutritionnel pour toutes les branches de l'arbre sans exception, telle doit être notre attitude envers les autres.

Les hommes ont le même droit, le même devoir, il faut par conséquent, les traités comme on souhaiterait qu'ils nous traitent au retour.

Ici nous sommes Soninkés, bassaris, Wolofs, Peulhs, Malinkés nous sommes les enfants d'une même femme.

Au-delà de tout ce qui pourrait nous lié mettons la nation au dessus de tout certe, même si nous n'avons pas la même perception, ou nous ne sommes pas d'une même idéologie admettons la vérité d'où qu'elle vienne.

Je l'ai dit Sousou, Baga, Bambara, Dioula et même Haoussa, il s'agit du même peuple en d'autre terme, la double composante fait aussi la beauté de l'univers.

Aujourd'hui la politique, est l'une des voix les plus écoutées dans le monde, elle représente à ce titre un moyen pour se faire entendre par contre, il revient aux hommes politiques de rapprocher les peuples les uns des autres.

Pour réussir dans sa carrière politique, il faut opter pour la protection des personnes et leurs intérêts, obliger les jeunes à prendre décidément leur destin en main.

La réussite d'une carrière politique ne s'acquiert pas par l'argent public, mais plutôt de la façon dont on protège et sauvegarde les biens publics.

Le démarrage d'une carrière politique, n'exige aucune disposition de fond sa vocation consiste à respecter et à faire respecter les lois, en un mot la constitution en proposant un modèle de gouvernance dans laquelle la gestion et la répartition équitable des ressources disponibles sur le territoire seront une priorité.

Je dis bien celui qui passe tout son temps à défendre la nation loyalement et honnêtement n'a pas vécu pour rien.

En réalité, nous aimons faire l'éloge des hommes riches, mais les martyrs resteront à jamais parmi ceux qui combattent intellectuellement pour la lumière de la vérité.

Il est important que le peuple fasse la différence entre ceux qui se battent pour lui et ceux qui se battent contre lui, peu importe n'abandonnons jamais lorsque nous avons une conception juste à défendre.

Je tiens à attirer l'attention des hommes de conviction, n'ayez jamais peur des critiques, des échecs, des arrestations arbitraires, et même des ingratitudes de certains pour lesquels vous vous battez, car certaines valeurs ne seront reconnues qu'après leur passage.

Grand qu'il soit le mensonge finira par tomber, minimise qu'elle soit la vérité finira par triompher d'où l'importance de se battre pour le maintien de la vérité.

Alors, il est temps qu'on se dise la vérité en mettant en marge ses fausses idées qui nous faisaient croire que la politique est un mensonge planifié.

Figurez vous que la participation africaine et malgache lors de la seconde guerre mondiale était le fruit de la politique pour libérer un pays dans les mains d'un autre.

La proposition de la communauté France Afrique pour la conquête des nouveaux territoires profitables au colonisateur en était aussi le fruit de la politique.

Cette mondialisation avec son insaisissable contenu n'est-elle pas une politique pour avoir facilement accès à nos biens ?

Chers compatriotes, la politique est loin d'être un mensonge c'est une série d'arguments employés par un homme en vue de se placer au dessus d'un autre pour le dévorer de la plus belle manière. ?

Elle ne doit pas être perçue, comme une activité conjoncturelle, c'est avant tout un art qui puisse prendre plusieurs formes.

Elle nous propose des nouvelles démarches à suivre, qui nous offrent des possibilités à vaincre nos propres erreurs tout en restant concentré sur le présent.

l'Esprit politique, a besoin de se réactualiser ceci permet davantage à l'homme de rester droit dans ses bottes.?

Je tiens à rappeler que, chaque couche sociale a besoin d'une parfaite organisation pour la bonne marche de ses activités, il en est de même pour l'activité politique qui doit suivre un chronogramme voire élaborer un tableau de bord qui permettra aux membre de coordonner leurs activités dans le plus grand respect des chartes.

Ce tableau de bord, détermine la structure des activités de façon mensuelle, ou annuelle afin de dresser un bilan après chaque pas.

Il sert également à faire l'état des lieux, en tant que formation politique, voici ce que nous avons réalisé ou voulons réalisé d'ici la fin de l'année civile.

Notre souhait, est d'apporter le minimum de bien-être aux populations de telle localité.

Les critiques, les propositions de solutions, les réalisations doivent se faire de façon successive en fonction des moyens que nous disposons.

En fait, l'Etat s'occupe de la gestion de la politique extérieure, et intérieure il ne saura parcourir toute l'étendue du territoire bien qu'il soit son rôle.

Par contre, un parti politique n'a aucune pression, il a tout le temps possible pour se rapprocher du peuple en posant des actes pouvant booster son éligibilité lors des prochaines élections.

Il est évident, que quel que soit l'effort ou les dépenses qu'un gouvernement effectuera il y aura des omissions de part, et d'autres qui seront importantes aux yeux des citoyens, voici des points sur lesquels, il faut s'appuyer pour réussir sa carrière et sa mission politique.

Notre échec, ou victoire dépendent de la définition que nous donnons à la politique, mais elle est une réalité idéologique, matérielle, financière, et philosophique.

La bonne organisation doit commencer au sein même du parti et qui se fait de façon hiérarchique et fonctionnelle.

1.Un président(e)

2.Un vice-président

3.Un communicant.

Ces trois sont les acteurs majeurs qui doivent s'impliquer Corp et âme car sans eux aucune organisation ne sera possible.

Le communicant doit avoir un art disons il doit être pédagogue.

Parler avec art, c'est avant tout savoir convaincre les gens après chaque communication de pouvoir adhérer ceci est appelé l'art de client.

La parole joue un important rôle dans la société humaine, dans la mesure où elle capable d'attirer certains, tout comme faire fuir d'autres, sans pour autant avoir la moindre mauvaise intention.

Être pédagogue, s'agit ici de pouvoir expliquer techniquement, intellectuellement, stratégiquement les positions du parti concernant la vie de la nation dans la plus grande sagesse et sérénité.

Toutefois, cette démarche peut être nommée comme suit: la période de conception, celle de la réalisation, et enfin la finalisation.

En effet, l'homme étant un animal politique, philosophe, supérieur aux autres grâce à son intelligence, il ne devra alors entamer aucune chose sans réfléchir, et grâce aussi au bon sens dont il est doté naturellement, son activité ne saurait point être considérée comme une activité mensongère. Par conséquent, elle peut être perçue comme un mensonge si seulement et si, elle est menée précipitamment ou de façon irréfléchie.

l'Afrique n'est pas nouvelle dans la politique, rappelons juste un fait dans une phase de son histoire qui avait inspiré beaucoup de continents.

Après tout ce que le manding a connu à la fin de la grande bataille de Kirina, il fut nécessaire, voire indispensable d'élaborer les quarante quatre (44) chartes de Kouroukanfouga en vue, de réconcilier les fils et les filles du vieux manding pour fonder un peuple juste, solidaire, bref favoriser le vivre ensemble dans la paix.

Pendant ce temps, d'autres peuples n'avaient pas encore parlé d'invention scientifique, ou technique sans parler de toutes les organisations que l'Afrique connaissait.

Il est bien vrai que, l'Afrique ne peut plus faire exception c'est à dire, vivre de façon isolée ou conformément à l'image qu'elle a connu par le passé, mais ne pas complètement aussi oublié son histoire, car aucun peuple ne pourra s'organiser typiquement comme un autre dû à la différence d'espace, mais aussi de réalité.

Travaillons, seul le travail nous permettra d'être nous mêmes, traivaillons car la vraie liberté réside dans le travail.

Vivons ensemble parce que, c'est une recommandation divine, vivons ensemble car personne ne viendra construire ce pays à notre place.

Vivons en paix, car on ne peut avoir la solution que dans la paix.

Les fruits de la paix viennent lentement, mais ils sont doux et éternels.

Ce travail, est une volonté préliminaire il n'est point un mentorat, ni aucun autre enseignement il est plutôt le témoignage de mon soutien indéfectible envers madame Anta Babacar Ngom et son parti la Relève Citoyenne, grâce à sa vision politique de gouverner autrement le pays.

Il est également une signature d'engagement de ma volonté d'adhésion de façon rationnelle, en mettant tout mon effort à sa disposition dans la sincérité.

Enfin, il est aussi ma manière d'inviter les citoyens, et les citoyennes du Sénégal à adhérer au parti avec la plus grande conviction ainsi que confiance grâce au projet qu'elle nous propose sans équivoque.

Certe, nous aimons tous tendre la main pour demander de l'aide, sans imaginer le risque d'une main tendue de la sorte.

Le rêve de Anta Babacar Ngom, c'est de permettre à chacun de nous de gagner dignement sa vie, participer activement, et consciemment au processus du développement durable de la nation.

Le vote est un devoir, la participation du citoyen au développement est une obligation, la défense de l'intégralité territoriale est un acte salutaire et patriotique.

La défense des personnes, et celle de la vérité est une obligation morale, la confiance en soi est engagement personnel de vouloir prendre son destin en main.

Le dernier scrutin a témoigné au vu et su de toute l'Afrique, ainsi que le reste du monde, que le peuple sénégalais est mâture pour répondre massivement en faisant un libre choix sans aucun écoulement de sang, ceci restera dans l'histoire comme etant un signe de responsabilité, et d'attachement au respect des principes démocratiques, mais aussi celui de l'efficacité des institutions républicaines.

C'est une fierté d'appartenir à une nation qui tient à ses promesses, et qui ne menace aucun effort pour hisser fort son drapeau national.

Vive la République !

Vive le Sénégal !

CHAPITRE 5

L'ALLIANCE POLITIQUE

À un moment donné, il serait important que les partis politiques forment une coalition pour harmoniser leur position, en vue de freiner un système défavorable.

Elle représente la manière la plus légitime, et responsable au lieu de saisir une institution étrangère.

L'alliance constitue une volonté politique, dans le cadre de la déstabilisation d'une mauvaise pratique mise en place par le pouvoir.

En effet, s'il est primordial de faire un tour sur toute l'étendue du territoire, il faut aussi rappeler l'implication de la diaspora.

Nous avons des citoyens qui vivent en dehors du pays leur décision compte, et leur participation au développement devra être une obligation.

Je profite de l'occasion, pour lancer un appel fraternel à nos frères et sœurs qui vivent ailleurs dans le monde n'oubliez point votre pays.

La découverte est une nécessité culturelle, linguistique, et l'acquisition d'une connaissance visuelle du monde qui nous entoure.

Cette découverte, doit nous orienter en nous permettant d'importer un modèle de développement dans notre pays.

Ce beau pays a besoin de tous et de toutes, pour lui apporter le bonheur qu'il faut, ce que nous devons surtout savoir comme le disait sa Majesté le Roi Mohamed VI < l'Afrique doit faire confiance à l'Afrique >

Rappelons que faire confiance en soi, est totalement différent de l'idée de suffisance ou d'orgueil. On ne peut devenir ce que nous voulons qu'en respectant les autres et avoir confiance en soi.

Ce manque de confiance en soi, se manifeste dans divers domaines ce qui lui permet d'avoir aussi diverses formes.

Les pays qui se sont développés pour être supérieur à nous, ont travaillé si nous voulons être comme eux il nous faudra forcément travailler.

Nous avons confiance à l'appareil judiciaire étranger plus que le nôtre, pourtant, la justice est bel et bien indépendante.

On ne peut pas vouloir d'une chose et son contraire, mieux vaut créer des conditions essentielles au perfectionnement de nos institutions que de continuer à déposer des plaintes en dehors du pays.

La science est universelle, rationnelle donc tout ce que nous envions aux autres, nous pouvons faire autant mais sur la base de la confiance en soi.

Où est l'union africaine pendant que les fils d'un même continent s'entretuent en Tunisie, en Algérie, parfois au Maroc ?

Combien de jeunes voulant fuir leur pays ont péri dans la méditerranée au vu et au su des dirigeants aucune mesure n'a été envisagée pour éradiquer ce phénomène.

Combien de jeunes rêvent, mais n'accompagnent pas leur rêve par des actions concrètes.

Aujourd'hui, avec le combat d'intérêt l'Afrique devient de plus en plus la cible des grandes puissances qui la font croire qu'elles sont là uniquement pour l'aider, en envahissant l'esprit de sa jeunesse de la complexe d'infériorité dans tout ça, le seul combat qui préoccupe certains présidents, c'est comment rester éternellement au pouvoir sans aucune solution de résolution de crises.

La Guinée, et la RDC sont des exemples illustratifs que les grandes puissances ne sont là que pour leur intérêt, pendant que certains parmi eux, sont en train de nous faire croire que la politique est fausse, certains utilisent au contraire cette même politique avec des formules dissimulées pour s'enrichir grâce à nos économies.

La mondialisation se caractérise par deux grandes connaissances auxquelles, tous les jeunes doivent s'intéresser aujourd'hui pour changer la donne.

Il s'agit de la science, et de la politique vu le contexte actuel, l'une propose des nouvelles connaissances capables de changer ou d'améliorer les choses, l'autre permet de participer à la prise des décisions concernant la vie de la nation.

Il est temps que nous comprenions les choses dans le vrai sens, c'est à dire de la plus belle manière.

La conception selon laquelle, tous les moyens sont nécessaires employée par un politicien, a permis à d'autres de créer des virus dont ils connaissent parfaitement l'origine pour consolider leur économie.

La compréhension d'une théorie dépend de notre pensée sans quoi, toutes les théories et pratiques sont bonnes, si elles sont considérées parfois comme mauvaises ça dépend également aussi de la personne ou du domaine dans lequel elles sont utilisées.

Les premières épreuves scientifiques en témoignent, l'eau pour éteindre le feu, le générateur, pour produire de la lumière la présence d'un fils pour conduire cette lumière vers le récepteur.

Le mal pour soigner ou guérir le même mal en médecine, une loi pour contredire ou abroger une autre. Un pouvoir pour arrêter un autre pouvoir.

Par contre, l'inverse peut se produire, car un pouvoir est capable de soutenir un autre, en vue de lui donner plus de force.

En effet, malgré le retard qu'on a connu il est temps de se réveiller ne rien attendre des autres qui ont leur propre problème.

Anta Babacar Ngom va lentement, mais sûrement avec de bonnes intentions pour nous sortir des ténèbres.

J'invite tous les partis politiques, à mener un combat pour le rayonnement de la démocratie.

Nul ne peut constester que de 1960 à nos jours il y a eu des progrès, mais puisque le développement est une succession d'action alors il faudra continuer à multiplier les efforts pour se maintenir au plus haut niveau.

Je félicite et encourage madame Anta Babacar Ngom dans sa démarche positive, et objective pour le bonheur collectif des populations.

L'ambition de Anta Babacar Ngom Diack à travers sa plate-forme Arc horizon, c'est de faire en sorte que les citoyens sénégalais marchent main dans la main, tous déterminés et engagés pour façonner un Sénégal où le patriotisme sera désormais une question d'action ainsi d'innovation en transcendant les divisions politiques et sociales.

Elle invite toutes les couches sociales animées par une même volonté commune qui est celle de propulser le Sénégal vers un avenir prospère, et durable.

Dans la même perspective, elle invite tous les citoyens à devenir un indispensable acteur dans la construction d'un Sénégal plus fort, et plus inclusif. Son ambition est de voir tous les sénégalais de toutes les origines d'ici, et d'ailleurs à devenir un architectes du changement, artisans du développement que nous aspirons tous.

Sa vision politique, c'est l'humain et ses besoins, le pays au dessus de tous, sa volonté est de participer activement à l'élaboration d'un projet politique conformément aux attentes du peuple.

Son engagement dans la politique, vise à travailler sérieusement avec son peuple, afin de stimuler son économie nationale sachant bien que le Sénégal dispose des atouts pour une émergence réelle et rapide.

L'une des propositions de Anta Babacar Ngom est bien le développement industriel sachant très bien que l'industrie représente le poumon d'une économie, en créant une fusion nécessaire entre elle et les deux autres secteurs pour répondre hautement à cette question liée à l'emploi.

En effet, le développement industriel, nous permet de réduire les importations et de produire surtout ce que nous consommons.

Elle vise à favoriser l'émergence d'entrepreneurs sénégalais, afin de soutenir la productivité locale dans le pays.

Son projet vise également à investir largement dans l'énergie, et dans la logistique.

Le rêve de Anta Babacar Ngom est d'apporter le bonheur qu'il faut à ces populations villageoises qui vivent dans des conditions critiques.

La volonté de madame Anta Babacar c'est aussi d'établir une nouvelle ère politique, où le pouvoir sera exercé par les citoyens dans une parfaite inclusion.

Pour finir je crois en Anta Babacar la présidente de Arc horizon car son ambition est uniquement centrée sur la défense de la nation, de ses intérêts, et de ses attributs avec une proposition concrète de solutions pour une sortie de crise définitive.

Chers compatriotes, rejoignons Anta Babacar Ngom Diack pour la fondation d'un Sénégal plus fort, plus juste, et indépendant dans tous les domaines.

Il faut rappeler que la venue de madame Anta Babacar Ngom en politique est un engagement, une décision de vouloir apporter sa part de contribution et de changement du paysage politique.

Qu'on ait des alliés ou pas, l'essentiel serait la poursuite des objectifs mais aussi prouver au peuple pourquoi nous avons décidé de s'intéresser à la politique en posant des actes concrets.

L'adversité est considérée comme étant le fondement même du changement, le plus important donc, c'est de maîtriser parfaitement la cause de notre présence sur la sphère politique.

En réalité, il est impossible de voir les choses de la même manière, mais savoir prouver que notre perception du monde est celle qu'il nous faut c'est justement ça l'objectif de chaque leader politique.

Après un demi siècle d'indépendances, tous ceux qui avaient critiqué Sekou Touré ont finalement compris que le fait de dire non à la proposition que la France lui a faite ne signifie point qu'il la détestait au contraire, il voulait apprendre au peuple de compter sur soi-même la preuve en est que la quasi totalité de ces pays veulent commencer là où il s'était arrêté.

Après la sortie de Nelson Mandela en prison en 94 qui marque également sa prise de pouvoir, l'opinion nationale et internationale avaient finalement réalisé que son ambition était de garantir la liberté et l'égalité des citoyens devant la loi.

N'ayez jamais peur de l'échec, croyez en vous et en votre rêve, la conquête du pouvoir est long processus bien structuré où votre façon de vous conduire attirera aisément les gens vers vous.

C'est la raison pour laquelle, la philosophie tout comme la morale s'intéressent à la politique.

La vérité et l'audace sont des éléments essentiels qui attiteront les gens vers vous sans aucune difficulté.

En effet, il ne faut jamais faire croire au peuple pour vrai ce qui ne l'est pas, le fauteuil présidentiel n'est pas réservé à ceux qui se servent mais plutôt à ceux qui ambitionnent de servir loyalement la nation.

Qu'on le dise ou pas, on vient en politique pour contrecarrer ou encore arrêter le fonctionnement d'un système quo'n considère mauvais tout en affirmant notre capacité de vouloir faire mieux, c'est à la base de cette affirmation que le peuple nous accorde son attention ainsi que sa confiance donc une fois au pouvoir, ce peuple ne doit point être mis en marge.

Par contre, quelle que soit la compétence ou l'incompétence d'un système, quelque soit le mode de gouvernance mis en place par un régime, il ne pourra jamais rendre tout le monde heureux, c'est pourquoi l'objectif du pouvoir, ne vise pas la satisfaction personnelle ou individuelle des citoyens, mais la réalisation des grands projets dont la majeure partie des populations peuvent en bénéficier à court et à long terme.

Ceci dit : il est bon de critiquer, et accepter d'être critiqué car toute critique objective, devra permettre à la personne critiquée de revoir sa copie et à celle qui critique de faire mieux voici la balle qui mérite d'être jouée en milieu politique.

Malheureusement, la plupart des chefs d'Etats africains n'aimeraient pas être critiqués ils considèrent cela comme un boycotaye ou une simple désaffection pourtant même si l'on est élu démocratiquement avec 70% des suffrages valablement exprimés, il est important qu'il sache qu'il n'est pas le choix de tous, deuxièment lorsqu'on est président ceci voudrait dire qu'on est le représentant du peuple intérieurement tout comme extérieurement il ne faudra donc pas prendre une décision en fonction de son humeur ou en regardant uniquement l'intérêt d'un petit groupe qu'on appelle le gouvernement.

Sachant parfaitement que l'homme est un animal parfois égoïste soucieux de la satisfaction de ses émotions et passions, qui peuvent le conduire à exercer illégalement son pouvoir, certains philosophes qu'on va nommer ici les philosophes de la lumière tels que : Jean Jacques Rousseau, Voltaire, Montesquier, et Denis Diderot ont a tour de rôle parlé des fondements de toute société humaine sans lesquels l'animosité régnera ouvertement.

Il faudra donc que le pouvoir arrête le pouvoir non pas pour une démonstration de force, mais en vue de contrôler ou d'empêcher la propagande au sein de la société.

Le mot pouvoir dissimule une nuance qui tend souvent à conduire l'individu vers la tyrannie, il s'agit de faire tout ce qu'on a la volonté de faire en ça fait rien, ou quelques soient les conséquences.

En effet, c'est souvent cette façon de vouloir considérer les choses qui nous conduit à la dictature parfois sanglante dans la mesure où on considérera toute personne qui n'est pas pour la réalisation de notre volonté comme étant un obstacle qu'il faut éliminer voici l'erreur irréparable commise par les tyrans.

Cette même erreur, est aussi souvent commise par certains leader politique.

Lorsqu'on est leader politique, charismatique, éloquent, audacieux on doit aussi être intelligent afin de bien guider nos actions par conséquent, il ne faut pas se croire au dessus de la loi parce qu'on est soutenu par le peuple.

Toutefois, il faut éviter de tenir des discours qui puissent diviser, brûler, ou révolter les uns contre les autres, mais de prôner la paix, l'unité nationale, la cohésion sociale, et le vivre ensemble.

Ce geste est aussi le témoignage de votre capacité de promouvoir la paix, et construire une nouvelle structure humaine main dans les mains.

En réalité, il faut rappeler que malgré les innombrables voies de l'accession au pouvoir avec des diverses formes empreintées également, elles peuvent être aussi un élément qui puisse freiner sans doute l'individu d'accéder au pouvoir pour toute sa vie. Tout ceci démontre suffisamment que la politique ne doit point être traitée comme certains le pensent.

Je tiens à préciser que, souvent cette jeunesse qui se considère comme une victime contribue dès fois à la baisse de ses conditions de vie, et celle de sa valeur sans le savoir en prenant des sommes pendant les campagnes électorales en votant inconsciemment pour le mauvais candidat c'est de l'hypocrisie.

Voulant tromper les politiciens, elle se politise sans se rendre compte, car cette hypocrisie nous a toujours donné des dirigeants à l'image de notre comportement c'est pourquoi il faut voter par conviction c'est à dire selon le projet du candidat.

Anta Babacar l'affirmation est l'étape la plus importante dû à sa délicatesse, vous avez su vous démarqué de matière positive. Vous avez inscrit objectivement votre nom dans les annales de l'histoire.

Votre volonté de faire et d'être détermineront aux yeux des populations ce que vous êtes ainsi que ce que vous resentez pour elles.

Continuez de croire en vous, continuez de faire de vous la personne que vous voulez devenir Allah ne donne jamais l'idée à une personne de devenir sans mettre les possibilités à sa disposition qui puissent lui permettre de le concrétiser.

Vous venez de loin pour aller de loin vous êtes entrain de devenir la personne que vous devrez être c'est à dire celle qui porte la solution, la paix, la vision de bâtir une société digne de nom.

Je ne doute point de votre début en politique car il est synonyme de révolte contre les maux qui gangrènent la société.

La politique, c'est décider également de sacrifier sa vie pour sauver celle des autres, c'est aussi malgré tout accepter de souffrir volontairement à la place des autres, mais toutes les actions seront récompensées par Allah.

Sachez qu'à chaque fois que vous rencontrez une difficulté, ce que Dieu vous éloigne d'un mal sur votre chemin.

Allah a créé la terre et les cieux en six jours tandis qu'il pouvait le faire en un clin d'œil, mais c'est pour nous apprendre à mener nos actions dans la patience, la persévérance et la foi.

Anta Babacar il est normal de se faire entourer par des personnes qui s'inscrivent dans la même logique que vous par contre, aimer et approcher aussi celles qui vous détestent ou qui ne vous soutiennent pas ça ne fera que vous agrandir car nul ne pourra vous empêcher de devenir ce que vous voulez à part Allah.

Je vous soutiens parce que je n'ai aucun doute que vous êtes la solution qu'il nous faut depuis plusieurs années.

Un mandat n'est pas court pour mettre fin au chômage déguisé qui est devenu une monnaie courante dans l'administration.

Freiner un système qui tourne sur lui-même en abrogeant une loi pour adopter une loi en faveur d'un petit groupe qui pense que l'administration est une question de famille.

Mettre l'homme qu'il faut à la place qu'il faut, juger et incarcerer ceux qui détournent les fonds publics.

Condamner ceux qui pensent qu'ils sont au dessus de la loi, empêcher toute forme d'ingérence.

Valoriser les productions locales, en vue d'encourager et de faire la promotion des produits locaux en toute transparence.

Investir dans l'agriculture pour un décollage constant et durable de l'économie nationale afin de réduire le taux des importations.

Développer le secteur industriel qui constitue un élément conducteur du secteur primaire en toute simplicité.

Favoriser la formation des nouvelles élites capables de produire et de transformer librement les ressources disponibles sur le territoire.

Former des cadres compétents et conscients qui placeront la nation au dessus de tout, quelques soient les circonstances.

Le peuple n'a plus besoin de ces politiques virtuels, mais plutôt ceux qui consacrent leur temps à la défense de ses intérêts.

Des députés qui dépendent du peuple, c'est à dire ceux qui proposent ou votent des lois selon l'aspiration des populations.

L'une des priorités de Arc horizon, est bien sûr la question énergétique pour stimuler l'industrie.

Le développement du secteur de transport pour favoriser la circulation des personnes et leurs biens sur toute l'étendue du territoire.

Anta Babacar Ngom souhaite assurer la participation des femmes dans la gestion de la chose publique, dans la prise des décisions concernant la vie de la nation notamment : dans les domaines politiques

Favoriser le développement du Sénégal par la promotion des recherches scientifiques et technologiques à tous les niveaux.

Créer des conditions permettant aux citoyens de jouir pleinement de leur droit et liberté fondamentale sans aucune discrimination, distinction, ethnique ou professionnelle.

Promouvoir la paix, la stabilité, et la sécurité des populations sénégalaises d'ici et d'ailleurs.

Promouvoir la bonne gouvernance, en vue de donner une bonne image au pays sur le plan continental et international.

Consolider l'unité nationale, défendre les intérêts des citoyens en tout lieu et en toute circonstance.

Créer une commission spéciale chargée de faire le tour du pays dans le cadre du recensement des difficultés auxquelles les populations locales sont confrontées, afin de prendre des mesures appropriées pour une sortie de crises définitives.

Résoudre des crises institutionnelles pour une meilleure démocratie dans le pays.

Les ambitions de la présidente de Arc horizon sont celles que l'Afrique devra mettre en œuvre pour une meilleure gestion de ses ressources mais aussi pour la consolidation de ses acquis en toute indépendance.

Renforcer la coopération entre les pays africains pour une suppression définitive du néocolonialisme sous toutes ses formes dans nos États.

Renforcer la solidarité entre les pays, car il est marrant de constater que des africains sont toujours maltraités, et marginalisés dans leur propre pays.

Des leaders politiques sont incarcérés à cause de leur opinion en vain, des journalistes souvent victimes des attaques dans l'exercice de leur métier.

Des pauvres citoyens meurent des maladies qu'on pourrait éviter grâce à un manque de prise charge.

La priorité de la présidente de Arc horizon, est d'assurer l'intégrité territoriale du Sénégal qu'elle aime tant tout en respectant strictement l'ensemble de ses valeurs vers une marche économique hors-pair.

Anta Babacar Ngom Diack future présidente de la république en même présidente de l'UA pour redonner à cette première institution africaine toute sa crédibilité.

En réalité, c'est une honte de dire qu'on a une institution continentale chargée de promouvoir la paix entre les pays membres, défendre les intérêts des citoyens pendant que la centrafrique est divisée par quelques pays qui font d'elle un champ de bataille juste pour défendre leur intérêt.

Le Mali en guerre contre la Mauritanie, une tension idéologique datant des années 94 entre le Maroc et l'Algérie, la Libye transformée en une anarchie qui ne dit pas son nom.

Les congos, la Guinée malgré les richesses que révèlent ces pays leurs populations tirent le diable par la queue.

Qui pour sauver et comment sauver l'Afrique voici les questions que répondent la présidente de Arc horizon l'une des raisons pour lesquelles, il faut voter pour elle.

Depuis le passage des pères fondateurs des organisations continentales et sous-régionales Anta Babacar est la première femme qui propose un vaste programme visant à faire un sondage en vue de reconstruire solidement le Sénégal et l'Afrique tout entière.

Cette femme, n'est pas une simple candidate c'est une enseignante, une lumière, une dame fière de ses origines capable d'apporter des changements dans l'intérêt supérieur des populations.

Avec cette fille du Sénégal, la nouvelle génération aura une nouvelle philosophie de la politique, qui n'est pas uniquement la tenue des beaux discours.

Elle nous apprend à travailler, croire en soi ne compter que sur soit.

Pour elle, la seule chose qui puisse nous permettre d'avoir et d'être ce que nous souhaitons, consisterait à croire en Dieu et avoir confiance en soi.

Nul ne pourra faire de nous ce que nous ne sommes pas capable de faire de nous-mêmes.

La visibilité d'un homme, dépend de sa perception et de son travail.

Attendre l'aide des autres, c'est de renoncer à sa raison d'être et se réduire en esclave.

Apprendre à compter sur soi n'est point de l'orgueil par contre, c'est une responsabilité, il s'agit de la maturité.

Il faut savoir que derrière chaque aide humaine, se cache une certaine condition.

Comment sauver cette Afrique, lorsque des hauts officiers de l'Etat meurent en Guinée sans aucune enquête ouverte par les autorités compétentes pour situer les responsabilités.

Quelle solution pour les citoyens togolais qui n'osent pas exprimer leur ras le bol face à la dictature du président ?

Quel avenir pour des étudiants africains qui sont à l'étranger dans des conditions délicates tant tôt, ils sont victimes de disparition, des cas de morts injustifiés.

Quel avenir pour une démocratie boiteuse lorsque le président de la République a le plein droit de dissoudre une assemblée, en vue d'obtenir plus de voix qui auront pour mission assurer sa défense ?

Que peut-on s'attendre d'une société civile muette ?

En effet, nous sommes très mal barrés lorsqu'on pense que le pouvoir exécutif, notamment : le président de la République est la principale force incontestable de la nation.

Qui pour dénoncer, qui pour proposer des solutions à cette démocratie qui à vrai dire n'existe pas, l'une des raisons pour lesquelles, je rends hommage à un grand homme honorable Guy Marius Sagna du parlement de la CEDEAO qui est un modèle en terme de l'éveil de conscience, et de dénonciation aujourd'hui en Afrique.

L'heure n'est donc plus à la distraction, il faut œuvrer pour une nouvelle refondation des États et des institutions africaines en toute liberté.

VIVE ARC HORIZON SÉNÉGAL.
VIVE LA RÉPUBLIQUE.

Référence bibliographique:

Camara Laye. Dramouss (French Edition). Plon (réédition numérique FeniXX) (January 1, 1966); 1966,246p.

Machiavel Le Prince

yes **I want** morebooks!

Buy your books fast and straightforward online - at one of world's fastest growing online book stores! Environmentally sound due to Print-on-Demand technologies.

Buy your books online at
www.morebooks.shop

Achetez vos livres en ligne, vite et bien, sur l'une des librairies en ligne les plus performantes au monde!
En protégeant nos ressources et notre environnement grâce à l'impression à la demande.

La librairie en ligne pour acheter plus vite
www.morebooks.shop